Diogenes Taschenbuch 22938

Laurens van der Post
*Das dunkle Auge
Afrikas*

*Aus dem Englischen von
Friedrich Schwarz*

Diogenes

Titel der 1955
erschienenen Originalausgabe:
›The Dark Eye in Africa‹
Die deutsche Erstausgabe erschien 1956 im
Karl H. Henssel Verlag, Berlin
Umschlagfoto von David Coulson
Copyright © David Coulson/Robert Estall
Photographs

Alle deutschen Rechte vorbehalten
Copyright © 1994
Diogenes Verlag AG Zürich
60/96/36/1
ISBN 3 257 22938 0

*David Stirling gewidmet,
der das, was er in Afrika predigt, auch in die Tat umsetzt,
und allen denen, gleich welcher Rasse und Farbe,
die sich bemühen, durch die ›Society of Capricorn‹ auf
die Erneuerung Afrikas einzuwirken.*

I

DER HINTERGRUND

„Sie wissen es, Laurens, wenn wir nicht demütig genug sind, uns selbst nur als Werkzeug des *bon Dieu* zu betrachten, dann dürfen wir uns nicht anmaßen, das zu tun, was wir für Afrika zu tun bemüht sind."

David Stirling
an Laurens van der Post

ZUM ERSTENMAL HIELT ICH DIESEN VORTRAG während einer Tagung der Psychologischen Vereinigung in Zürich am 3. März 1954. Im Anschluß daran wurden Fragen an mich gerichtet, die ich unmittelbar beantwortete. Zu anderen Gelegenheiten wiederholte ich den Vortrag in verschiedenen Städten Europas; dabei ergaben sich weitere Fragen und weitere Antworten. Auch diese Diskussionen wurden zum Teil in mein Buch aufgenommen. Der ursprüngliche Titel lautete: „Mata Kelap oder die Erscheinung des dunklen Auges in Afrika – Über die unsichtbaren Quellen der afrikanischen Unruhe". Immer wenn ich diesen Vortrag hielt, hatte ich das Gefühl einer gewissen Unsicherheit. Ich fürchtete, mein Referat könnte die Verwirrung noch vergrößern, die auf diesem beunruhigenden Gebiet, weiß Gott, dunkel und tragisch genug ist. Dennoch ließ ich mich dazu überreden; man war der Meinung, daß ich – in Afrika geboren – von diesen Problemen aus meiner eigenen seelischen und geistigen Erfahrung sprechen könnte und daß das zum Verständnis des Konfliktes beitragen würde.

Später, als mir die Drucklegung meiner Gedanken vorgeschlagen wurde, erfüllte mich ein noch stärkeres Gefühl der Unzulänglichkeit meines Beginnens. In Zürich war jedes eventuelle Mißverstehen, das ich hätte hervorrufen können, von vornherein durch die Tatsache neutralisiert, daß ich zu einer Zuhörerschaft von Spezialisten sprach, die die Spreu vom Weizen zu sondern wußten. Doch diese Sicherungen sind kaum gegeben, wenn ich das Buch veröffentlichen und dadurch jedem Leser zugänglich machen würde. Dennoch entschloß ich mich, der Buchpublikation zuzustimmen, und zwar aus der tiefen Überzeugung, daß etwas, was diesen Gedanken ähnlich ist, früher oder später meinen Landsleuten und allen an Afrika interessierten Kreisen vorgelegt werden müßte, soll sich dieser grausame Konflikt, in den sie verstrickt sind, jemals ohne Katastrophe lösen.

Es gibt für mich nichts, was den Ursprung aller Dinge mit größerer Autorität und ergreifender schildert als die Beschreibung der Genesis in der Bibel. Im Urbeginn schwebt der Geist unaufhörlich über den gewaltigen ungeformten Wassern der Zeit, auf der Suche nach Fleisch und Blut, um Leben zu schaffen und alle seine Werke. Dann bricht das Wort hervor. Das ist die große Eröffnungsphase, die unsere träumenden Sinne wie eine Fanfare anfällt. Ich bin zutiefst davon überzeugt: Bevor ein neuer Geist aus diesem furchtbaren Konflikt in Afrika qualvoll geboren werden kann und seinen wahren und zeitgemäßen Ausdruck in einer neuen Gesellschaft, in einer neuen menschlichen Wirklichkeit findet, muß erst das Wort da sein, das diesem Geist Gestalt und Kraft gibt – das Wort als mitteilendes Verstehen. Wer wie ich diesen Konflikt wirklich erlebt hat und ihn ganz mitempfindet, der glaubt nicht, daß diese

Auseinandersetzungen unbedingt in einer die Entwicklung zurückwerfenden Katastrophe enden müssen. Vielmehr vertraut er darauf, daß sie zu einer neuen ungeheuren geistigen Aktivität des westlichen Menschen führen können. Wenn wir allerdings unsere Einsichten zurückhalten und versäumen, das dynamische Schlüsselwort auszusprechen, dann könnte es geschehen, daß der Kampf schon verloren wäre, ehe er überhaupt begonnen hätte.

Und darin liegt wohl eins der tiefsten Probleme unserer Zeit: Dem menschlichen Geist bieten sich heute Worte, Ideen und Weltanschauungen an, die gänzlich überholt sind. Sie entsprechen nicht mehr ihrem ursprünglichen Sinn, sie umschreiben nicht das Sein, das neu geschaffen werden soll. Was auch immer der Mensch unternehmen mag, um sich seinen Weg durch das Leben in Ehren zu bahnen, ich glaube, daß seine Gesinnung und seine Gedanken, in denen sich sein höheres Selbst ausspricht, bei weitem das Wichtigste sind. Doch in unserem Zeitalter des hohlen, extrovertierten Rationalismus wird dieser Aspekt des Lebens am meisten vernachlässigt und muß als erstes wieder berücksichtigt werden. Einer der Gründe, warum der westliche Mensch überall in der Welt bei seinen Bemühungen, Kontakt zu finden, immer mehr versagt, ist darin zu sehen, daß die Ideen, in denen sich sein geistiges Wesen ausdrückt, nicht zeitgemäß sind. Sie müssen von Assoziationen, die nicht mehr zum Wesen unseres Zeitalters gehören, befreit und in Begriffe aus unserer eigenen Erlebniswelt umgeschmolzen werden, geprägt vom Sinn unserer Zeit. Ja, ich glaube sogar, daß nicht nur die Formen, sondern auch die Gedanken, auf die wir unsere Taten aufbauen, wertlos sind für das neue Sein, das im modernen Menschen nach Gestaltung drängt. Ursache so vieler seiner Fehlleistungen ist der blindergebene Rationalismus und die fanatische Hörigkeit des westlichen Menschen gegenüber der äußeren, physischen Realität, seine Überschätzung der ihn umgebenden demonstrierbaren Objekt-Welt. Weil er in seinem eigenen Leben alle unsichtbaren und unwägbaren Werte vernachlässigt, ignoriert er sie auch im Leben derjenigen, die seiner Macht unterworfen sind oder mit denen er notgedrungen umgehen muß. Früher oder später schließen sich diese Faktoren zum Aufstand gegen ihn zusammen. Die Ausbrüche der Empörung, die den Europäer aus so vielen Teilen der Welt hinwegfegen, das wachsende Mißtrauen, mit dem viele sogenannte niedrigere, weniger kultivierte oder zivilisierte Völker ihm entgegentreten, werden vor allem dadurch hervorgerufen, daß der Europäer die mächtigen Imponderabilien in seinem eigenen Wesen mißachtet – und daher unausbleiblich auch bei anderen. Das trifft ganz besonders in Afrika zu. Afrika zeigt das europäische Versagen in seiner dramatischsten und greifbarsten Form. Doch möchte ich betonen: Soweit Afrika betroffen ist, kann die Lösung des Problems nicht mehr aus Europa kommen, sondern muß von Afrika selbst gefunden werden. Denn eine echte Lösung kann, so ist es überall, nur aus dem Leben der Menschen entspringen, die auch die Folgen auszutragen haben. Sie müssen die Antwort auf ihre Fragen selber leben, andere können sie nicht für sie ausdenken.

In diesem Buch ist vom Europäer in Afrika die Rede, doch weiß ich, daß dies nicht der richtige Ausdruck ist. Ich möchte lieber von allen als „Afrikanern", von schwarzen, von weißen und mischfarbigen Afrikanern*) sprechen, denn je älter ich werde, um so mehr erkenne ich, wie ungenau es ist, den Weißen in Afrika als Europäer anzusehen. An mir selbst spüre ich, wie falsch es ist, mich ausschließlich für einen Europäer zu halten, wenn auch mein Vater in Europa geboren wurde. Gewiß, in meinem Bewußtsein ist ein Teil meines Wesens auf das

---

*) ‚Afrikaner' nennen sich heute die weißen Süd-Afrikaner burischen Ursprungs, deren Mehrzahl die Rassenpolitik der südafrikanischen nationalistischen Partei bejaht und unterstützt. Die Engländer haben die Bezeichnung *Afrikaners* für die Weißen in Südafrika übernommen und nennen die Schwarzen in Afrika zur Unterscheidung *Africans*. Die Schwierigkeit, die sich für die Übersetzung ins Deutsche ergibt, ist bezeichnend für die Problematik in Südafrika: beide sind Afrikaner. Aber aus dem jeweiligen Zusammenhang ersieht der Leser sofort, ob vom Eingeborenen Afrikas, vom Schwarzen, die Rede ist oder von dem weißen „Afrikaner" europäischer Herkunft, zumal letztere vom Autor meist als „meine afrikanischen Landsleute" bezeichnet werden. (Anm. d. Übers.)

engste mit Europa verbunden, doch im tiefsten Innern bin ich unverwischbar und unwiderruflich ein Mensch aus Afrika, ein Mensch, der in Afrika wurzelt. An den kleinsten Einzelheiten meines Denkens und an den empfindsamsten Regungen meiner Seele merke ich das. So sehr ich auch Europa liebe, so werde ich doch ständig daran erinnert, daß der in mir wirkende Urgrund, der Magnet, der das Feld aller meiner seelischen Reaktionen beherrscht, afrikanisch ist. Mitten in den Straßen Londons, an einem der grauesten, nebligsten Wintertage geschah es mir, daß meine Augen wie geblendet waren von dem inneren Glanz des Afrika, das ich allezeit in mir trage. Doch zwischen dieser Liebe zu Europa und dieser Afrikaverbundenheit spüre ich, daß ich gleichsam ein improvisierter Steg über die sich ständig weitende Kluft zwischen Europa und Afrika sein muß. Vielleicht rechtfertigt schon dies allein das Erscheinen meines Buches.

Außerdem hat mich noch eine weitere Überlegung zur Veröffentlichung veranlaßt. Ich glaube, daß das Problem Afrika im tiefsten Grunde ein S e i n s - P r o b l e m ist, das sich aus den Anlagen und dem Charakter derjenigen Menschen ergibt, die die Situation in Afrika gestalten. Ich weiß, daß der Fragenkomplex Afrika von verschiedensten Standpunkten aus studiert werden kann – wirtschaftlich, historisch, naturwissenschaftlich, anthropologisch und soziologisch. Das sind durchaus wertvolle Wege der Erforschung, und bei keinem fehlt es an leidenschaftlichen Fürsprechern. Dennoch halte ich sie für sekundär und messe ihnen keine ausschlaggebende Bedeutung bei. Der wichtigste Weg zum Kern des Problems scheint mir der zu sein, der allein aus dem innersten Sein des Menschen gefunden werden kann. Unglücklicherweise ist das ein sehr einsamer Weg, der nicht von den Massen betreten wird, nur von der einzelnen Individualität; Nietzsche würde sagen, „nur von Eremiten und von Eremiten in Paaren". Früher war dieser Weg vor allem eine Angelegenheit der Kirche, doch heutzutage scheint selbst diese den Weg verloren zu haben. Ist doch eins der erschreckendsten Phänomene unserer Zeit, daß fast überall die Kirchen nicht mehr die Kraft haben, das natürliche religiöse Empfinden im Menschen lebendig zu erhalten und sein Streben zu stärken, nach einer Antwort für das Rätsel des Lebens zu suchen, aus der spezifisch menschlichen Qualität seines Seins heraus. So hat sich also noch ein anderer unheilvollerer Faktor unserem Versagen in Afrika hinzugesellt, denn die Kirchen meiner Landsleute scheinen geradezu den Menschen diesen einst in Ehrfurcht beschrittenen Weg zu versperren. Ich möchte dies sozusagen eine Sabotage in der vierten Dimension nennen. Daß die traditionellen Methoden zur Bewältigung des Fragenkomplexes im heutigen Afrika versagen, bedeutet, daß die Aufgabe nur von solchen Persönlichkeiten in Angriff genommen werden kann, die das Unzureichende der alten Methoden durchschauen. Ganz gleich, ob unsere geistigen Fähigkeiten den Anforderungen vollauf gewachsen sind, versuchen müssen wir es alle, mit unserer Erfahrung und unmittelbaren Einsicht über diesen furchtbaren Abgrund zwischen uns und unseren Mitmenschen Brücken zu schlagen. Denn davon bin ich überzeugt: Es gibt keine Lösung des Konflikts in Afrika oder in der ganzen Welt, bevor nicht das Herz des einzelnen Menschen sich ändert und er bereit ist, den anderen zu verstehen. Ich wüßte nicht, wie der Wandel der Gesinnung anheben sollte, wenn nicht der Weiße in Afrika beginnt, über sich selbst ganz neu nachzudenken. Was ich hier der Öffentlichkeit übergebe, ist lediglich mein Versuch aufzuzeigen, was ein Afrikaner, in dessen Seele das geistige Bild AFRIKA tief eingeprägt ist, dazu beitragen kann, einige Grundbedingungen dieses neuen Denkens zu klären. Es ist kein stolzes Absolutum, nur ein bescheidenes Relativum. Nicht als ein Lehrer, sondern als eines der kleinen Versuchskaninchen im großen Laboratorium unserer Zeit komme ich zu Ihnen.

Da die religiösen Institutionen in Afrika den Aufgaben nicht mehr gewachsen sind, lastet eine ungeheure Verantwortung auf den Schriftstellern und Dichtern, sowohl auf denen, die in Afrika leben als auch auf denen, die aus Afrika stammen und in der weiten Welt wirken. Unter ihrem künstlerischen Schaffen verstehe ich die Technik, verborgene und noch nicht verwirklichte Werte den Menschen zu vermitteln, die ihrer Veranlagung nach imstande sind, diese Werte zu verstehen und zu achten. Kunst ist ein Gefährt, mit dem die Menschen in Geist- und Seelenbereiche vordringen können, die ihnen vorher verschlossen waren. Vor allem kann das geschriebene Wort eine Art magischer Spiegel sein, der den Menschen die vernachlässigten und nicht verwirklichten Aspekte ihres eigenen Wesens und ihrer Zeit zum Bewußtsein bringt. Natürlich kann die Arbeit des Schriftstellers auch vielen anderen Dingen dienen, doch in dieser schrecklichen Epoche ist meiner innersten Überzeugung nach dieses Bewußtmachen seine wichtigste Funktion. Ganz besonders gilt das für Afrika. Soll es gelingen, den Konflikt, der uns auf der Seele brennt, ohne Katastrophe durchzustehen, dürfen alle Schriftsteller, die in Afrika und über Afrika schreiben, niemals vergessen, diesen magischen Spiegel sich selbst und uns allen entgegenzuhalten. Wenn zum Beispiel die in Afrikaans schreibenden Autoren sich nicht mit den englisch schreibenden Autoren dort, die ja derselben Sache dienen möchten, vereinigen, so würde in Südafrika das Spiel verloren sein. Die Gruppen meiner Afrikaner-Landsleute schließen sich immer mehr von dem in der ganzen Welt herrschenden Zeitgeist ab. Ein ungeheuer weites Erfahrungsgebiet lassen sie einfach in ihrem Bewußtsein aus. Vielleicht ist das eine der Ursachen, warum die Literatur meines Heimatlandes wie von einem Meltau befallen ist. Ich habe die Beobachtung gemacht, daß meine Schriftstellerkollegen in Afrikaans im Anfang, erfaßt vom instinktiven lyrischen Schwung der Jugend, Vorzügliches schaffen, das durchaus den Vergleich mit den Vorbildern der Weltliteratur aushält. Jedoch nur sehr wenige von ihnen scheinen fähig zu sein, diese große Gabe bis in ihre Reifezeit hinüberzutragen. Eine Erklärung sehe ich darin, daß sie sich davor drücken, einen gewissen Problemkreis in ihr Bewußtsein aufzunehmen. Es gibt höchst reale Gegebenheiten in ihrem Leben, sie lehnen es aber ab, diese anzuerkennen und in ihre Wertwelt einzuordnen. Liest man in der Literatur meiner südafrikanischen Landsleute, so ist man überrascht, feststellen zu müssen, daß Menschen, die täglich – nicht nur für Tage oder Jahre, sondern seit Generationen – in engem Kontakt mit Schwarzen und Mischlingen leben, in ihren literarischen Arbeiten jedoch von ihnen als menschliche Wesen gar keine Notiz nehmen. In ihrem Schaffen existiert der Schwarze oder Mischling überhaupt nicht als ein Individuum mit seiner nur ihm eigenen Seinsweise und seinen individuell bedingten Anrechten und Wünschen. Er hat in ihren Werken höchstens die Bedeutung eines verallgemeinerten

Funktionsträgers, z. B. als Diener in einer komischen, schurkischen oder zweifelhaften Rolle. Doch als ein vollwertiges menschliches Wesen mit ihm eigenen individuellen Rechten ist er dort ebensowenig vorhanden wie der englische Arbeiter des achtzehnten Jahrhunderts bei einer Tea-party von Miss Austens jungen Damen. Bedenken Sie aber bitte, daß die meisten südafrikanischen Schriftsteller, gleich mir, in ihrer Wiege von schwarzen Ammen und Wärterinnen betreut wurden, daß schwarze Spielkameraden und schwarze Dienstboten in den magischen Lebens-Gobelin ihrer Kindheit eingewoben sind; bedenken Sie ferner, daß die bedeutungsvollsten Momente ihrer Kinderzeit, ihre ganze Vorstellungswelt in intimem Zusammensein mit diesen Schwarzen durchlebt wurden; und wenn Sie dann entdecken müssen, daß diese Schwarzen aus dem Bewußtsein und der Vorstellungswelt des Erwachsenen einfach ausgeschaltet werden, wie sie ebenso von Gerechtigkeit und der liebevollen Fürsorge seiner Gemeinschaft ausgeschlossen sind, dann werden Sie verstehen, was für eine grauenhafte Verkümmerung des menschlichen Geistes, was für eine Verstümmelung des Künstlertums das zur Folge haben muß.

Deshalb veröffentliche ich dieses Buch auch als Appell an meine Afrikaner-Landsleute in unserer großen, Begeisterung erweckenden Heimat. Ich beschwöre alle, die wie ich mit ihrer Umgebung in ihrer

Haltung zu den Schwarzen und Mischlingen Afrikas nicht übereinstimmen, fest zu ihrer Gesinnung zu stehen und sie, koste es was es wolle, zu verteidigen. Überall ist der einzelne seiner Gemeinschaft gegenüber verpflichtet, den rückschrittlichen Ansichten entgegenzutreten. Der in Afrikaans schreibende Autor kann nicht länger vorgeben, Einstellung und Verhalten seiner Landsleute nicht zu kennen. Die letzteren mögen sich vielleicht nicht bewußt sein, was sie tun, aber er als Künstler muß es nun wirklich wissen. Er muß wissen, daß das, was wir den Schwarzen und Mischlingen zufügen, entehrend und böse ist. Er darf nicht fortfahren, sein eigenes ethisches Niveau auf das eines erniedrigenden Herdeninstinkts absinken zu lassen. Er darf sich nicht weiter hinter dem demütigenden Sittengesetz seines Volkes hinsichtlich der Behandlung der Schwarzen und der Mischlinge verstecken. Wenn er auch nur einigen Anspruch erhebt, als Künstler und als Persönlichkeit zu gelten, muß er die keineswegs menschenwürdigen, eigentlich nur noch zoologischen Begriffe seines Volkes abschütteln und aufrecht seinen eigenen moralischen Zielen folgen. Doch mehr noch, er ist sogar verpflichtet, es zu tun, wenn er den Wunsch hat, daß sein Volk am Leben bleibt. Und sein Volk wird nur dann weiterleben, wenn er mithilft, j e t z t die Herzen zu wandeln, denn die Uhr der Zeitgeschichte ist bereits weiter vorgeschritten, als es die meisten von uns ahnen.

Meinen schwarzen und farbigen Landsleuten, die dieses Buch vielleicht lesen, möchte ich erklären, in welchem Sinne ich die Wörter „primitiv" und „zivilisiert" gebrauche. Ich wende sie nur deshalb an, weil ich keine anderen kenne, um damit den allgemeinen Unterschied, der zweifellos existiert, in der Seinsweise zwischen dem Eingeborenen und dem Europäer in Afrika zu bezeichnen. (Wie begrenzt und relativ diese Termini sind, ist mir durchaus klar.) Ich sehe in dem Europäer keineswegs ein Wesen, das über dem Schwarzen steht. Es sind zwei verschiedene Wesen; was sie unterscheidet, ist nichts Herabsetzendes, sie sind gleichberechtigt vor dem Antlitz Gottes. Je mehr ich vom sogenannten Primitiven in Afrika erfahre, um so mehr Achtung habe ich vor ihm und um so mehr wird mir bewußt, wie viel wir von ihm zu lernen hätten, welche profunden Einsichten er uns vermitteln könnte. Ich glaube, daß er für uns ebenso notwendig ist, wie wir für ihn. Ich betrachte uns als zwei einander ergänzende Hälften, die vom Leben dazu ausersehen sind, ein Ganzes zu bilden. Je länger ich auf die sich verdunkelnde Bühne der Gegenwart schaue, desto mehr erkenne ich, wie groß dieses Einander-Bedürfen ist – so groß, daß sogar die Hoffnung entsteht, dieses Einander-Notwendigsein könne Afrika noch in letzter Minute vor dem Unheil bewahren. Wir brauchen das Gute, das im primitiven Menschen noch lebt. Dann würden die weithin verödeten Bezirke unserer eigenen bigotten Kultur wieder fruchtbar werden unter dem belebenden, neue Kräfte weckenden Geist. Gemeinsam könnten wir sogar die Zivilisation verbessern, das Leben auf Erden reicher machen, als es jemals war. Aus diesem Grunde wünschte ich, wir könnten aufhören, über die Schwierigkeiten und Gefahren der Begegnung zwischen Weiß und Schwarz nachzugrübeln und statt dessen unser Fühlen und Denken den reichen, unerschöpflichen Möglichkeiten öffnen, die dieses schicksalhafte Zusammentreffen uns beiden gewährt. Gab es jemals in der Menschheitsgeschichte eine solche Chance? Könnten wir, Schwarze wie Weiße, doch erkennen, wie sehr wir vom Glück begünstigt sind, daß wir auf diesem so weit vorgeschobenen Kreuzweg unserer Zeit endlich einander gefunden haben – die Schlacht für Afrika, wie ich es nennen möchte, wäre schon halb gewonnen! In dieser Sicht wird klar, welche tiefe Ironie, ja Tragik darin liegt, daß meine Landsleute im Gegenteil alles daransetzen, den Schwarzen und Mischling aus ihrer Gemeinschaft auszuschließen. Wir zwingen den Afrikaner fortgesetzt dazu, von uns zu nehmen, und hindern ihn daran, uns seinerseits zu beschenken in seiner überströmend-reichen Art. Damit aber unterbinden wir Afrikas einzigartige Schöpferkraft, und diese Ausschaltung wirkt auf den Primitiven zerstörend, sowohl im individuellen als auch im kollektiven Sinne. Wenn ich von „Primitiven" spreche, bin ich mir natürlich bewußt, daß es in Afrika Tausende von Schwarzen gibt, die genau so zivilisiert sind wie irgendeiner von uns. Diese Schwarzen gehören wie ich und viele meiner weißen Landsleute zu den Kindern Afrikas, die ihren alten Zusammenhängen für immer entfremdet sind. Aus eigener Erfahrung weiß ich, wie furchtbar die Stauung ihrer Kraft, wie groß ihre seelische und geistige Not ist. Aber dem Leiden wird seine Bitternis genommen, wenn man den Sinn des Leidens erkennt, und ich hoffe, daß das, was ich hier schreibe, dem einen oder anderen entfremdeten Herzen hilft, den tieferen Sinn zu erkennen, warum es so Grausames erdulden muß. Wenn er lernt, sich als die vom Schicksal bevorzugte Pflanzstätte eines Afrika der Zukunft zu betrachten, wenn er sein Leiden als einen Auftrag empfindet, der ihm innerhalb des großen Lebensprozesses anvertraut wurde, dann wird sein bitterer Schmerz gelindert werden, zumal wenn er daran denkt, daß viele weiße Menschen sich demselben Lebenskampf für ein besseres Afrika angeschlossen haben. Die Verbitterung ist unser gemeinsamer Feind, der Feind einer zukünftigen Gemeinschaft. Vor allem denke ich dabei an die zahlreiche farbige Mischlingsbevölkerung der Kap-Provinz. Was wir den Mischlingen zufügen, ist um so beschämender für uns. Sie sind von unserem eigenen Blut und Leben. Sie sprechen unsere eigene Sprache und bekennen sich zu unserer Religion. Sie haben

Musik, Geist und Humor der Afrikaner bereichert. Bei dem abenteuerlichen Vorstoß in das Innere Afrikas haben sie Gefahren und Leiden im selben Ausmaß wie unsere Vorfahren auf sich genommen. Deshalb haben sie es verdient, ein Leben führen zu können, das ihrem sich nun entfaltenden Wesen gerecht wird. Diese allgemeine Ungerechtigkeit unserer Haltung dem nicht-europäischen Afrika gegenüber ist durch das, was ich für einen bewußt überlegten Verrat ansehe, noch größer geworden. Der Versuchung zur Verhärtung ist schwer zu widerstehen, dennoch müssen alle ihr standhalten, wenn jenes freiere, nicht nach Rassen getrennte Afrika sich bilden soll.

Ein letztes Wort noch über die Art meines Berichtes. Ich beabsichtige weder ein Verteidigungsplädoyer noch eine sachliche Zeugenaussage in einem rational erfaßbaren Rechtsstreit. Dagegen versuche ich, unmittelbar einen vollständigen Aspekt aufzuzeigen, der das Rationale nicht ausschließt, darüber hinaus aber die ‚großen Imponderabilien' umfaßt. Ich versuche, aus dem heraus zu sprechen, was ich als das Zentrum meines Wesens ansehe, aus einer vertieften Wahrnehmung, wo sich meine Kenntnisse aus der Vergangenheit und mein Vorausahnen der Zukunft, wo meine Beobachtung des Lebens in Afrika und der ganzen Welt zusammentreffen mit meinem Gefühl, wie dringend notwendig die Lösung all dieser Spannungen ist. Liest der Leser meinen Bericht auch aus seinem eigenen Seelenzentrum heraus, einer Ebene, in dem sein Sinn für Vergangenes und Zukünftiges, seine Lebenserfahrungen und Lebenserwartungen zusammentreffen, liest er das Buch nicht nur mit dem Verstand sondern auch mit dem Herzen, dann ist mir um das Ergebnis nicht bange.

II

DIE GRUNDLAGE
FÜR EINE DISKUSSION

« Les lois fondamentales de l'esprit restent les mêmes, au moins pour les périodes historiques si courtes, dont nous avons connaissance; et presque tous les phénomènes, même les plus étranges, doivent pouvoir s'expliquer par ces lois communes de l'esprit que nous pouvons constater en nous-mêmes. »   Guglielmo Ferrero

„Die Grundgesetze des Geistes bleiben stets dieselben, zumindest für die kurzen Perioden der Geschichte, von denen wir wissen, und fast alle Phänomene, auch die seltsamsten, können durch diese allgemeingültigen Geist-Gesetze erklärt werden; diese Gesetze wirken auch in uns selbst."

SEHR GEEHRTER HERR DR. MEIER, MEINE Damen und Herren, die Bereitwilligkeit, mit der Sie damals vor zwei Jahren meinen Vortrag hier aufgenommen haben, hat mich ermutigt, wiederzukommen und zu Ihnen aufs neue über Afrika zu sprechen. Auch diesmal habe ich nicht die Absicht, Ihnen die ansteigende große Flut der Unruhe in Afrika zu schildern, mit Worten etwa in der Inflationswährung konventioneller Historie oder im modischen Idiom des ökonomischen Materialismus. Die übernommenen Meinungen sind bei ihrem hemmungslosen Gebrauch so fadenscheinig geworden, daß sie kaum noch verbergen, wie dünn und abgezehrt – ein Knochengerüst unter der bloßen Haut – die Gestalt dessen ist, was wir Seele und Geist unserer Zeit nennen wollen. Außerdem würde ich dann nur ein unvollständiges Bild vermitteln, auf dem lediglich der formale Hintergrund skizzenhaft angedeutet wäre. Der eigentliche Gegenstand, unser Thema, seine Bedeutung für die Gegenwart, seine innere Mitte für uns hier und jetzt, um 8.15 Uhr abends am 3. März 1954, würde gänzlich fehlen. D. h. unser Gespräch wäre dann einer „Hamlet"-Aufführung vergleichbar, in der die Rolle des dänischen Prinzen herausgebrochen ist. Denn viele Konflikte in Afrika beruhen gerade auf der Tatsache, daß diejenigen, die die Situation dort leitend beeinflussen, die verschiedenen Vertreter der weißen Rasse, gerade diese innere Realität der Gesamtlage ignorieren und nicht ahnen, daß sie im

Grunde vor diesem Problem stehen: der Begegnung mit den großen Imponderabilien des Seins. Deshalb ist es so schwer für mich, darüber zu sprechen, weil die wenigsten Menschen in meiner Heimat dafür Verständnis haben.

Ich bin viel in Afrika, ein beträchtlicher Teil meiner Arbeit hat dort seinen Schwerpunkt, und große Gebiete meiner Vorstellungswelt, meine physischen und psychischen Energien sind unwiderruflich und ausschließlich Afrika gewidmet. Ein Gespräch darüber müßte also leicht sein. Aber im Gegenteil, es wird immer schwieriger, oft sogar unmöglich. Ich sehne mich leidenschaftlich danach, für Afrika zu reden und zu handeln, denn ich weiß, ich habe einiges dazu zu sagen und fühle mich vor allem verpflichtet, das dringende Warnsignal der großen, ständig wachsenden Gefahr weiterzugeben. Ich versuche es oft; aber in der Weise, wie viele Menschen von der täglichen, immer wiederkehrenden Realität ihres eigentlichen Lebens abgeschlossen sind, so hindert auch sie ein eiserner Vorhang am Verstehen der Sprache, die allein auszudrücken vermag, worum es bei der Unruhe in Afrika in Wirklichkeit geht. Bei den Gesprächen sieht man sich gezwungen, die ahnungslosen Machthaber Afrikas nachzuahmen und fortgesetzt eine vierdimensionale Wirklichkeit nur durch zwei ihrer Aspekte zu bestimmen, eine Betrachtungsweise, die unweigerlich zur Karikatur führt. Ja, schlimmer noch, es ist nun soweit, daß fast alles, was über Afrika gesagt wird, und was nicht leidenschaftlich Partei ergreift, unvermeidlich von beiden Seiten als vom Übel angesehen wird, als eine Kränkung, die jeder auf sich bezieht. Und doch umfassen diese beiden gegeneinander kämpfenden Oberflächen-Dimensionen des Afrika-Konfliktes ebenso wenig das gesamte Problem wie die hell über dem schwarzen Wasser funkelnde weiße Eisspitze der ganze Eisberg ist. Heute aber schätze ich mich glücklich, daß ich keiner dieser Schwierigkeiten gewärtig sein muß, daß ich meine Definitionen nicht noch obendrein zu definieren brauche und daß ich frei, ohne die geringste Furcht vor Mißverständnissen, hier sprechen kann, wobei das einzige Hindernis die Begrenzung meines eigenen Könnens ist.

Was ist nun eigentlich die Unruhe, die Afrika ergriffen hat?

Ich nehme an, daß Sie alle davon wissen; denn die Weltpresse widmet den afrikanischen Affären viel Raum und Aufmerksamkeit. Dieses Weltinteresse ist aber von einer so eigenartigen Geladenheit, daß ich mich gezwungen sehe, diesen bedeutsamen Faktor erst noch zu untersuchen. Zunächst darf ich Ihre Kenntnis des Konfliktstoffes als gegeben voraussetzen. Jetzt möchte ich nur dies hinzufügen: das Afrika, von dem ich heute abend zu Ihnen spreche, ist physisch das Afrika südlich der Sahara. Das unsichtbare, spirituelle Afrika, das auf dem Spiele steht, hat keine Grenzen und ist ebenso weit und tief wie die menschliche Seele selbst. Auch Nord-Afrika ist von großer, wachsender Unruhe erfüllt, doch ist sie nicht das, was ich die spezifisch afrikanische Unruhe nenne. Im Grunde ist Nord-Afrika, sowohl physisch wie geistig, ein Teil des alten Mittelmeerbereiches, dessen Schwergewicht im Nahen Osten und im Levantinischen Randgebiet liegt. Selbst seine Flora und Fauna ist nicht afrikanisch, sondern mediterran und europäisch. Das ursprüngliche, vorzeitliche Afrika reichte weit, weit zurück, in unglaublicher Kontinuität bis in jene Urzeit, da weder pflanzliches noch tierisches Leben bestand, da die Gewässer vom Fisch und der Fisch vom Menschen zu träumen begannen – jenes Afrika fängt erst südlich der Sahara an. Und bei diesem uralten Afrika befasse ich mich hauptsächlich mit den britischen Teilgebieten, obwohl das, was ich zu sagen habe, auch in verschiedenem Grade auf die französischen, belgischen und portugiesischen Territorien zutrifft; aber der britische Teil ist bei weitem der größte und repräsentativste. Außerdem befindet sich in diesen Bezirken der Konflikt, um den es mir geht, in seiner am weitesten vorgetragenen Entwicklungsphase, aus Gründen übrigens, die für die Engländer nicht unbedingt als diskreditierend gelten müssen. Das ungeheuer große Gebiet Britisch-Afrikas ist administrativ und politisch, dem Umfang und der

Form nach, in verschiedenste Kon-Dominien, Dominien, Föderationen, Unionen, sich selbst verwaltende Kolonien, Kron-Kolonien und Protektorate eingeteilt, die mit willkürlich gezogenen Grenzen aneinanderstoßen. Doch habe ich nicht die Absicht, diese äußeren Verschiedenheiten hier zu behandeln. Die äußeren Variationen, die politischen Trennungen spielen keine Rolle, in Wirklichkeit bilden diese Territorien ihrer inneren Struktur nach und in ihren Reaktionen auf die Lebens- und Zeitphänomene ein großes Ganzes. Aber, um auf meine ursprüngliche Frage zurückzukommen: Was ist eigentlich jene Unruhe in Afrika?

Meiner Ansicht nach gibt es mindestens vier Dimensionen, vier Ebenen der Wirklichkeit, worin diese Unruhe wurzelt, woraus sie hervorwächst und sich beunruhigend entfaltet. Die erste dieser Dimensionen ist eine kosmische, universale Dimension. Von dieser Ebene aus betrachtet, erscheint die afrikanische Unruhe als eine Unruhe, die dem Sein der Zeit entspringt. Ich wünschte, ich könnte es deutlicher abgrenzen, doch weiß ich von keinem überzeugenden Beweis, keinem nachprüfbaren Forschungsergebnis in dieser Hinsicht. Ich kann es nur als etwas, was ich intuitiv erfasse, vorbringen – eine Art Lichtbild, das aus dem großen, uns umgebenden Dunkel des Unbewußten in strahlender Helle auf die so unzureichende Schirmwand meines Geistes geworfen wird. Ich bin mir voll bewußt, wie gefährlich und unzuverlässig diese nicht substantiierte Darstellung sein kann. Aber oft habe ich erfahren: wenn ich in Not war – sei es in Krieg oder Frieden, im Busch oder in der Wüste Afrikas –, wenn ich objektiv nicht wußte, woher mir Hilfe kommen könnte, wenn ich nur diese „Ahnungen" sah, die ich ansteuern konnte, dann half mir dieses intuitive Ergreifen in hohem Maße. Mehr als einmal hat es mir sogar das Leben gerettet. Je älter ich werde, um so tiefer bin ich davon überzeugt, daß unser westlicher Begriff der Zeit irgendwie unrichtig ist. Ich glaube, daß wir ihn falsch anwenden und seinen inneren Sinn völlig mißverstehen. Unsere westliche Konzeption der Zeit ist oberflächlich und unreif. So manche unserer Nöte sind unmittelbar auf unsere Unkenntnis, unsere Vernachlässigung der ganzheitlichen Natur des Zeitenwesens zurückzuführen. Für die meisten von uns ist Zeit nur ein „Wann", ein linear verlaufender Fluß, spürbar durch das Ticken unserer Uhren, über die der Zeitenstrom wie Wasser über ein Mühlrad fließt. Dieses Maß steht völlig zu unserer Verfügung, wir ordnen unsere Verabredungen und unsere Geschäftstermine danach. So sehr sind wir im Sog dieser linearen Bewegung, daß wir nie einhalten und überlegen, ob „Zeit" nicht auch einen Inhalt, ein besonderes Wesen haben könnte, einen ihr allein zugehörigen Sinn. „Zeit" ist nicht nur ein „Wann", sondern auch ein „Was" und – vielleicht noch bedeutsamer – auch ein „Wie", ein „Weg" zur Ewigkeit. Ich stelle mir vor, daß irgendwie dem verborgenen Kern dieses mißverstandenen Zeitenwesens ein Blau-Druck – ein helles Muster auf dunklem Grund – vom großen Baumeister der Welt selbst eingeprägt wurde, eine Karte vom großen endgültigen Plan des Seins, die uns unaufhörlich unsere eigene einmalige Rolle bei der Formgebung der Zeit vorschreibt, gemäß der Art, wie sich unser eigenes Leben formt. Oder, um einen modernen Vergleich anzuwenden: ich glaube, es existiert eine Art Radarsystem; sind wir richtig darauf eingestimmt, bringt es uns durch die dichtesten Nebel und Dunkelheiten der Existenz hindurch sicher zu dem uns zugewiesenen Landungsplatz. In dem Augenblick, in dem wir dieses „Was" und „Wie" des Zeitenwesens ignorieren und versäumen, unser Dasein dem Vorentwurf, dem Grundplan des Lebens entsprechend zu gestalten, in dem Augenblick, in dem wir es nicht für nötig halten, den Richtstrahlen des Radarsystems zu folgen, wird unser unverfälschtes Fühlen und Denken unweigerlich von einer Unruhe befallen, jener drängenden Unruhe in wachsender Panikstimmung, die für die Gegenwart so kennzeichnend ist. Sie vergiftet unser Handeln, unsere Institutionen, unsere Gemeinschaft – eine Infektion von der Gefährlichkeit der Schwarzen Pest. Ich glaube, daß uns im gegenwärtigen Moment sogar Hinweise auf diesen inneren Entwurf gegeben werden, die eine Änderung der von uns eingeschlagenen Richtung fordern, eine Forderung, die jedoch von der Welt entweder gar nicht wahrgenommen wird oder für die sie absichtlich blind und taub ist. Man zuckt unwillkürlich zurück, ja, es überkommt einen tiefe Angst und Grauen bei dem Gedanken, Zeitgenosse des Jahres 1954 zu sein. Aber wir müssen es als Faktum hinnehmen, ob wir es wollen oder nicht, wir sind nun einmal ein Teil der Zeit, in der wir leben; diese Unruhe ist über uns verhängt, und zwar wirkt sie nicht nur allgemein im öffentlichen Leben, sondern bis in unseren persönlichsten Daseinsbereich hinein, bis in die Stille unserer Nächte.

Ich persönlich bin der Überzeugung, die Unruhe in Afrika ist primär ein Teil jener unendlich weit verbreiteten Angst, einer Weltenangst vor der katastrophalen Richtung, die das Leben auf dieser Erde einschlägt. So ist auf dieser Ebene die Unruhe in Afrika eine universale, eine kosmische Unruhe.

Die zweite Ebene möchte ich die globale nennen, sie ist der kosmischen gegenübergestellt, weil sie erdenhafter ist. Obgleich das Bild, von hier aus betrachtet, noch erschreckend umfassend und gewaltig ist, so können wir dennoch mit größerer Zuverlässigkeit und geringerer Gefahr, mißverstanden zu werden, davon sprechen. Obwohl die unsichtbare, kräftegeladene, objektive Welt, die wir in uns tragen, für unsere innere Sinneswahrnehmung von überzeugender Realität ist, halten manche sie für eine bloße Illusion. Die so überaus intuitiven Vorstellungen vom Schicksalsablauf und dem Sinn unseres Lebens werden gemeinhin mißachtet*). Und doch ist der Beweis dafür im „Pudding" unserer täglichen Wirklichkeitserfahrung enthalten. Wie sehr wir auch über Ursache und Wirkung anderer Meinung sein mögen, nach welchem ideologischen Rezept unsere Lieblingsaversion auch zusammengebraut ist, oder wem die Schuld an dem zähen Alltagsgericht auch zugeschoben wird – niemand von uns kann den verworrenen und widrigen Zustand der Welt, in der wir leben, leugnen. Ja, der Pudding wird im Laufe der Zeit keineswegs süßer, noch die Verworrenheit geringer. Tatsächlich spüren viele von uns jene Unruhe wie einen Druck auf den Magen. So ausgedehnt und vielfältig ist die Beunruhigung, daß es mir schwerfällt, nur in wenigen Worten davon zu sprechen, ohne dabei eine *terrible simplification* befürchten zu müssen. Doch, kurz gesagt: auf der Weltebene der internationalen Ange-

---

*) Ich weiß, daß es paradox klingt, von einer inneren objektiven Welt zu sprechen, für mich ist es aber nur scheinbar paradox. Darüber hinaus glaube ich, daß einige der schlimmsten Verirrungen des modernen Denkens und Handelns allgemein von dem Versäumnis herrühren, anzuerkennen, daß es ebenso ein „objektives Innen" wie ein „objektives Außen" gibt. Die Seele des Menschen z. B. ist solch ein objektives Innen, und Träume sind darin objektive Manifestationen, denn sie existieren aus eigenem Recht, und kein Mensch, wie sehr er sich auch bemühte, kann bestimmen, was er träumen wird. Nicht er, sondern es träumt in ihm.

legenheiten findet diese Unruhe ihren Ausdruck in einer Affinität für Konflikte, die solchen Rassen und Volksgruppen eigen ist – physisch wie spirituell –, die glauben, daß ihnen auf ungerechte Weise die Möglichkeit vorenthalten wird, ihr eigenes Wesen entfalten zu können. Sie schlagen konsequent zurück gegen die Umstände, gegen die Menschen, denen sie die langertragene Verweigerung ihrer Menschenwürde zur Last legen. Daher rührt zum Beispiel die Empörung der Völker des Ostens gegen den Westen, insbesondere gegen jene Nationen, die sie seit dem sechzehnten Jahrhundert entweder direkt unterjocht oder indirekt durch den Handel oder andere äußere Machtmittel regiert haben. Die Beherrscher befinden sich zur Zeit entweder in der Defensive, wie die Franzosen in Indochina, oder sie sind, wie die Holländer aus Indonesien, gegen ihren eigenen Willen ausgewiesen worden; andere haben sich freiwillig und in allen Ehren zurückgezogen, wie die Briten aus Burma und Indien. Diese zurückflutende Front der Alten Welt läßt eine imponierende Kampffront unzufriedener, einen Ausweg suchender, bestürzter und in steigendem Maße erzürnter Völker von Marokko bis zu dem großen Wall jenes uralten Landes China zurück. Welche Hoffnungen waren daran geknüpft, daß Chinas altes Herz, von Geheimwissen erfüllt, eine Ausnahme von dieser traurigen allgemeinen Regel machen würde. – Auf der anderen

Seite gibt es auch ein Wiederauferstehen, geistig ebenso aktiv, wenn auch nicht so dramatisch wie das Vergehen der Alten Welt. Es ist in der Neuen Welt die Wiederkehr der verschwundenen indianischen Welt der Maya, Azteken und Inkas – ein ‚come-back' jener schlauen alten amerikanischen Geisteshaltung, die auf Katzenpfoten durch die Hintertüren, Irrgänge, Falltüren und endlosen Katakomben der menschlichen Seele sich einschleicht. Betrachten Sie die Kunstwerke und lauschen Sie der Musik der Neuen Welt, und Sie werden den leisen Tritt hören, die heimliche Spur erkennen – die Wiederkehr der alten Seinsweise. Zusammenfassend möchte ich sagen, daß dieser Weltkonflikt ein Ringen zwischen den Besitzlosen und den Besitzenden ist, zwischen den Unterdrückten und den Unterdrückern, der Un-Kultur und der Über-Kultur, dem unerschlossenen und dem übersteigerten Seelentum, oder – wenn Sie wollen, zwischen dem Unbewußten und dem Bewußten. Sehen Sie es in dieser globalen Größenordnung, so ist die Unruhe in Afrika ein Teil der Weltunruhe.

Die dritte Dimension, von der aus ich die afrikanische Unruhe betrachte, befindet sich auf der europäischen Ebene, insbesondere der der britischen Nation. Der Kampf, der seit der Französischen Revolution im sozialen Gefüge aller Völker immer stärker wütet, ist Ihnen gewiß ebenso bekannt wie mir. Es erübrigt sich also, auf dieses allgemeine europäische Thema näher einzugehen. Ich möchte Ihre Aufmerksamkeit nur auf ein spezifisches Phänomen in der Gesamtentwicklung richten, da es einen wichtigen Aspekt jenes Problems, das wir behandeln, verdeutlicht. Als die überbetont nationalistische Strömung in der französischen Geschichte während der Revolution ihren sozialen Höhepunkt erreicht hatte, fand in Paris eine öffentliche Zeremonie statt, bei der Gott entthront und an seiner Stelle die Göttin der Vernunft gekrönt wurde. Kurz bevor das geschah, erstand im Geist eines einsam schaffenden Franzosen, Jean Jacques Rousseau, fast spontan, die Konzeption des „edlen Wilden", die seitdem immer wieder die Phantasie der Künstler, Dichter und Sozialreformer beschäftigt hat. Das ist nicht nur ein Beispiel dafür, wie das Leben Maß zu halten weiß, das Gleichgewicht wahrt, indem es bei seinen Exzessen sofort in das Gegenteil übergeht; es ist auch eine Andeutung dafür, wie unergründlich tief und geheimnisvoll der Ursprung der Unruhe ist, die wir hier erörtern wollen. Auch an der Oberfläche spiegelt sich dieser Kampf als ein Widerstreit zwischen jenen, die die feststehenden Grundformen der Gesellschaft konservativ erhalten wollen und jenen, die sie ändern wollen. In England ist dieser Konflikt bereits soweit gediehen, daß die klassenmäßig bedingten Konturen dieser Gegnerschaft schon undeutlich werden und bald wohl ganz verschwinden. Dann bleiben nur die beiden Hauptdarsteller übrig, all ihrer rationalistischen Kostüme entkleidet, all ihrer selbstbewußten Rechtfertigungen enthoben; sie erscheinen nun in ihren echten Farben als zwei Partner oder genauer gesagt, als zwei sich gegenüberstehende, einander ergänzende Prinzipien – das eine mit der Tendenz, zu erhalten und einzudämmen, das andere, aufzubrechen und zu verändern, kurz: es handelt sich einerseits um ein klassisches, andererseits um ein romantisches Ziel. Der Mensch ist, wie es scheint, von Geburt an dem Zwang unterworfen, sich mit dem einen oder mit dem anderen dieser beiden Impulse zu identifizieren und ist selten imstande, beide in sich zu vereinigen. Es ist bemerkenswert, daß im allgemeinen in Großbritannien der Konservative automatisch für die Weißen in Afrika Partei nimmt, während der Sozialist ebenso intensiv bestrebt ist, sich für die Interessen des Schwarzen einzusetzen. Doch was für unsere Erörterung der afrikanischen Unruhe wichtig ist: beide politischen Gruppen der englischen Gesellschaft projizieren ihre eigenen Spannungen, ihre eigenen Differenzen in den Afrikakomplex hinein. Von dieser westlichen Ebene aus und vor allem aus der englischen Blickrichtung erweist sich folgerichtig die Unruhe Afrikas auch als eine europäische Unruhe.

Doch *last not least* gibt es eine vierte Dimension, auf der die Unruhe in Afrika eine spezifisch afrikanische Unruhe genannt werden muß. Vor allem von dieser Ebene aus will ich zu Ihnen heute abend sprechen, denn diese Dimension vervollständigt das Bild – es zur Vierzahl ergänzend – und verleiht allen anderen Dimensionen, die ich erwähnt habe, eine unserer Epoche entsprechende Bedeutung.

Ich beginne mit Afrika im physischen Sinne des Wortes, ich beginne mit der Erde Afrikas; denn Afrika ist gemessen am Maß der Erdenzeit uralt. Es ist so alt, daß daneben die wundervollen schneebedeckten Berge der Schweiz nicht wie dauerhafte, reglose Ursubstanz wirken, sondern wie Wogen im Sturm der Zeit, die sich kräuseln und brechen. Selbst der Mount Everest ist nur ein gespenstischer Schaumspritzer, abgerissen von der Brandungswelle im zornigen Orkanstoß. Lange bevor noch irgendwelches organisches, pflanzliches oder tierisches Leben erstand, hatten sich bereits die Felsen und der Boden Afrikas, wie wir ihn heute kennen, geformt. Wir, die wir dort geboren sind, wurden mit einem Gefühl tief im Innern für das Uralte geboren. Einst war Afrika Teil jenes gewaltigen Festlandes, dem die Geologen – ihrer nüchternen und strengen Art widersprechend – mit einem Anflug von verborgener Märchenweisheit den Namen ‚Gondwana-Land‘ gegeben haben. Es ist ein Name, in dessen Klang ein Heimweh nach Fernvergangenem mitschwingt. Von so riesigem Umfang war dieser Kontinent, daß er Teile von Brasilien, Dekkan, Madagaskar und Australien umschloß. Als ich zum ersten Mal nach Australien kam, sagte mir sofort mein innerer Sinn (obgleich ich damals den geologischen Sachverhalt noch nicht kannte), daß dies ein Land sei – jenseits jeder rationalen Erklärung –, das physisch Afrika verwandt ist. Man braucht nur auf die gewaltigen Wasserflächen zu blicken, die Afrika heute von den anderen Fragmenten des alten Gondwana-Landes trennen, und sich vergegenwärtigen, wie langsam und geduldig Wasser einen Felsen zernagt, um einen Begriff davon zu bekommen, wie unglaublich alt Afrika wirklich ist.

In jenen Urzeiten war Afrika durch das große Tethysmeer von Europa getrennt. Als dieses Meer sich zurückzog und Leben an den frisch geformten Ufern aufkeimte, als die Küstenlinie allmählich die uns heute vertraute Gestalt der Erdteile annahm und der Austausch neugeformter Lebensbereiche neue Kulturen entstehen ließ, da bildete Afrika durch einen wundersamen Plan der Natur eine Ausnahme von dieser allgemeinen Regel. Als die Küsten zurückwichen, bewahrte Afrika, wie sehr auch die See daran nagte, seine Verteidigungskräfte unversehrt und zog sie in guter makedonischer Schlachtordnung zurück. Bis zum heutigen Tage weist Afrika keine natürlichen Häfen auf; an vielen Stellen sogar türmen sich die Ränder des Landmassivs hoch über den Meeresspiegel empor; mit reißenden, aufgewühlten, zornigen Stromschnellen stürzen die Flüsse aus dem Innern herab und machen die Schiffahrt unmöglich. Wo das

Land nicht so hoch aufragte, bildete diese uralte Erde weite Wüstenmeere, und nur wer mit ihren Schrecken vertraut war, konnte sie unter Lebensgefahr durchqueren. Ferner ließ die Natur, als wollte sie ganz sicher gehen in dem Bemühen, Afrika von der äußeren Welt völlig abzuschließen, furchtbare Verteidiger in Gestalt von Moskitos, Tsetsefliegen und anderen winzigen Parasiten entstehen, die alle imstande sind, jeden Eindringling niederzustrecken – mit einer prächtigen Auslese tödlich wirkender Krankheiten, von der Schlafkrankheit, der Malaria, Ruhr, dem Typhus bis zur Lepra und der Beulenpest. Ich hoffe, eines Tages meine afrikanischen Landsleute dazu zu bringen, diesen verachteten Moskitos und Tsetsefliegen ein Denkmal zu errichten, weil sie so erfolgreich ihre Aufgabe, Afrika zu verteidigen, erfüllt haben. Man möchte meinen, dies wäre auch ein Beispiel dafür, daß das Schicksal seine wichtigsten Werkzeuge oft gerade unter den Schlichten, Geringen und Unscheinbaren wählt, seien es auch nur Fliegen und Moskitos, sei es jenes demütige Bauernmädchen aus Orleans oder gar der fatale Anstreicher aus jüngster Vergangenheit.

Auf diese Weise konnte Afrika ohne Störungen von außen seine eigenen Lebensformen, sein eigenes Wesen entwickeln, unendlich reicher und mannigfacher als jeder andere Kontinent. Ich würde Ihnen das Wunder Afrikas lieber zeigen, anstatt nur darüber zu reden, denn es gibt in Afrika noch heute Gebiete mit Urzeitcharakter, Berge und Seen, Flüsse, Ebenen und Wälder, die noch nicht von Menschen ausgebeutet sind, wo noch Tierarten leben, die man nirgendwo sonst in der Welt antrifft. (Von der zierlichen Springantilope zum Beispiel existieren in Afrika mehr als 130 sonst ausgestorbene Arten.) Kein Erdteil wies jemals eine solche organische Vielfalt auf, von den winzigsten Virusarten und Mikroben, Insekten, Reptilien und Säugetieren bis zu den Menschen. Wo auch der Eindringling Afrika anzugreifen versuchte, immer fand er es bis zum Rande mit quicklebendigem, flammend-flackerndem, tanzendem Leben angefüllt, das der Größe nach vom Moskito bis zum Elefanten variierte. Als vor dreihundert Jahren meine Vorfahren an der Südspitze Afrikas landeten, wurden sie nicht nur von stolz einherschreitenden Buschmännern und schlitzäugigen Hottentotten begrüßt, sie begegneten auch Flußpferden in Gestalt und Gehabe so gewichtig wie Bürgermeister, die ihre goldene Amtskette auf dem Bauch einhertragen; sie trafen auf königliche Löwen, edle Leoparden, Rhinozerosse, ebenso reizbar wie hitzig-nervöse Generale, deren Leber durch Whisky und Curry in den Tropen ruiniert wurde, sie trafen auf weise Elefanten, Staatsmänner in vorgerückten Jahren, die am Strand langsam in die brandenden Wogen hineinwateten, den fremden Ankömmlingen entgegen.

Ich war häufig in einem der ältesten Häuser Kapstadts nahe der Küste, das noch heute „Leeuwenhof" heißt, weil damals, als es erbaut wurde, noch allnächtlich Löwen umherstreiften; jetzt blüht dort ein gut gepflegter, reizender Blumengarten.

Fülle, Reichtum und Mannigfaltigkeit des Lebens ist keineswegs auf die Tierwelt beschränkt. Inmitten der Verteidigungsschranken dieser furchterregenden afrikanischen Festung ursprunghaften Seins entfaltet auch der Mensch eine außerordentliche Vielfalt und Vitalität. Da ist der pygmäenhafte Buschmann, klein und gelbhäutig mit seinen Mongolenaugen und dem hervortretenden Hinterteil, der weder Vieh züchtet noch das Land bebaut, sondern sich der Natur und dem Rhythmus der Jahreszeiten anvertraut, wie ein Fisch dem Wasser. In dieser natürlichen Umwelt fühlt er sich viel sicherer als in derjenigen, die der „höher"-stehende Mensch sich einbildet, ihm zu geben. Daneben lebt der Hottentott, größer an Gestalt, mit forschendem Auge, in unserem Sinne „fortschrittlicher", da er Hunde und Buckel-Rinder besitzt; langsam wandert er hinter seinen fetten Nomaden-Viehherden her, seine Haut glänzt wie frisch gespannter Telefondraht in der Sonne. Dann, im Osten, der Bantu-Mann mit seiner schweren, behutsam einherschreitenden Grazie, und im Westen der Neger mit seinem barocken Schicksalssinn, ferner eine große Anzahl anderer Gruppen und Untergruppen sowie farbenreiche Vertreter der Nilanwohner und hamitischer Stämme. Stellt man diese Fülle an Varianten der einen Ur-Rasse Australiens gegenüber, ist es nicht übertrieben, diese Entwicklung Afrikas geheimnisvoll und wunderbar zu nennen.

Tausende und Abertausende von Jahren erzeugte und erhielt dieses reiche Leben von Afrika sich aus sich selbst. Ich weiß von keinem anderen Dasein, das seine Besonderheit, seine Kontinuität, seine Isolierung gegenüber fremdländischem Einfluß und fremdländischer Gier so lange hat bewahren können. Es scheint mir, daß Afrika das dramatische Beispiel eines Lebens gibt, das sich – von einem unsichtbaren Punkt im Zeitenlauf ausgehend – unmittelbar in unser gegenwärtiges Zeitalter hinein öffnet. In der Tiefe einer Zeit wurzelnd, da Geschichte (wie Euklid sagen würde) noch keine Größen- oder Mengenordnung, sondern nur eine Ausgangsposition darstellte, folgt das afrikanische Leben einem Plan seines eigenen Wesens und nicht Vorstellungen, die sich der Mensch macht. Sein Direktionsanteil als Produzent der verzweifelten Pantomime unserer Zeit war in Afrikas Entwicklung minimal.

Im letzten Jahrhundert hat sich das Szenenbild schroff geändert. Es beginnt jetzt zu verschwinden, wenn es auch noch in weiten Gebieten des großen Kontinents anzutreffen ist. Noch lebt der Buschmann in der Kalahari-Wüste genau so wie zum Anfang der

Zeit. Ich war kürzlich dort und habe ihn in seinem natürlichen, unschuldigen Gemeinschaftsleben beobachtet; noch immer begeht er sein uraltes Liebes-Ritual mit dem Cupido-Bogen, der für mich bislang kaum mehr als ein Bild auf einer altgriechischen Vase gewesen war. Am Fuße des großen abessinischen Hochplateaus, in einem Gebiet, wo die Schlafkrankheit wütet, sah ich Schwarze von herrlichem Körperbau. Unerwartet tauchten sie aus dem jubilierenden Grase auf und kamen auf mich zu, Girlanden von Blüten der Wildnis um den Hals. Sie bliesen auf Flöten, die denen des Gottes Pan glichen; auch sie kannte ich nur von den Bildern auf altgriechischen Vasen. Diese wenigen Beispiele mögen für viele stehen; ich versichere Ihnen, daß Afrika noch genug von diesem Leben bewahrt, um uns zu zeigen, wie es war, ehe wir Europäer diesen Schauplatz betraten. Es ist ein sonderbares Zeitphänomen: mit großem Eifer sind wir dabei, alle Ruinen in der ganzen Welt auszugraben, um mühsam eine Vorstellung davon zu bekommen, wie der Mensch des Altertums und seine Welt gewesen sein mag. Dort aber in Afrika, wo noch Menschen des Altertums uns leibhaftig und quicklebendig begegnen, wo der Geist der Antike noch hell in diesen Menschenseelen brennt, dort ignorieren wir diesen Geist, verachten die Seelen, ja vernachlässigen sie völlig.

Erlauben Sie mir, ein Beispiel dafür anzuführen, daß diese Unterbewertung fast schon automatisch funktioniert. Als ich vor einigen Jahren eine Expedition in die Kalahari-Wüste vorbereitete, trafen zwei Wissenschaftler von internationalem Ruf mit Empfehlungsbriefen auf meiner Ausgangsbasis ein. Sie baten mich, an der Expedition teilnehmen zu dürfen, da sie an Forschungen über die Buschmänner arbeiteten. Auf meine Frage nach der Art ihrer Forschungen, erklärten sie, daß sie Vergleichsstudien der Kopfmaße aller primitiven Völker der Erde vornähmen. Sie beschrieben die Methoden, die sie dabei anwenden, und zeigten mir einen dicken Katalog, der alle bereits festgestellten Einzelheiten aufzählte. Nachdem sie sich des längeren darüber verbreitet hatten, fragte ich: „Und wie steht es mit dem Innern der Schädel? Interessieren Sie sich denn gar nicht dafür, was in diesen Köpfen vorgeht?"

„Das gehört in ein anderes Fachgebiet der Wissenschaft", antworteten sie mit der entschieden abweisenden Überheblichkeit des Spezialisten. Darauf waren sie allerdings nicht gefaßt, daß ich ihnen bedeuten könnte, ich sähe keine Veranlassung, sie an meiner Expedition teilnehmen zu lassen.

Jedesmal, wenn ich erlebe, was in den Seelen dieser und jener „Primitiven" vorgeht, werde ich ganz bescheiden. Wer wie ich heute an diesem „Leben – um des Lebens willen" teilnimmt, wer Tag für Tag mit ihnen durch den Kreislauf der Jahreszeiten zieht, empfindet sich nicht mehr von der Natur getrennt, als stünde er darüber und könne das Leben kommandieren, sondern eher klein und hilflos, dafür aber getragen von einem großartigen Lebensgesetz eines Seins – um des reinen Seins willen. Und man begreift, daß nicht wir von Geist und Seele erfüllt sind, sondern vielmehr jene dunkelhäutigen und verachteten Menschen. Sie sind so reich daran, daß sie es überströmen lassen in die Bäume, Felsen, Flüsse, Seen, Vögel, Schlangen und Säugetiere, die sie umgeben. Der Buschmann macht alle Tiere seines Umkreises zu Göttern; die Hottentotten knien anbetend vor einem Insekt, der Gottesanbeterin; der Bantumann lauscht den Geistern seiner Vorfahren in den Lauten, die das Vieh, vom Brüllen des Löwen und dem Werwolf-Heulen der Hyänen beunruhigt, nachts im Kraal aus Dornenhecken hervorstößt; der Neger besänftigt und beschwört mit unendlich vielen Fetischen und Bildnissen aus Holz und Lehm seine Götter. Doch jeder einzelne und alle gemeinsam fühlen sich demütig als Teil des Lebens und eins mit ihm. Sie wissen, um ihren kurzen, bebenden Tag bestehen zu können, bedürfen sie ständig der Hilfe einer Macht, die größer ist als sie selbst. Sie haben alle eigene Wege, diese Hilfe zu erflehen, komplizierte Riten und streng bindende Verhaltungsvorschriften; ein farbenreiches Zeremoniell entwickelt sich aus ihrer Lebenserfahrung, aus ihrer Gemeinschaftsethik in kultischen Formen, die sie hineinleiten in ihr Erdenleben und auch wieder hinausgeleiten, wenn sie es verlassen. Fast in jeder Hinsicht sind sie in größerer Not als wir und in der äußeren Bewältigung der Schwierigkeiten auch gewiß nicht erfolgreicher. Aber in einer Hinsicht sind sie viel reicher: was ihnen auch zustoßen möge – sie fühlen sich nie in einer Geist-Leere verloren, nie halten sie ihr Leben für sinnlos. Man braucht nur den Buschmann, den Hottentotten, den Bantumann oder den Neger lachen zu hören, um zu begreifen, wie wahr das auch heute noch ist.

Und plötzlich fielen wir Europäer in diesen Lebenskreis ein. Meine Vorfahren waren unter den ersten, die vor drei Jahrhunderten am Südkap Afrikas landeten. Aber erst vor einem Jahrhundert wurden die natürlichen Verteidigungsbarrieren des großen afrikanischen Massivs im Zuge der äußeren Kolonisation ernstlich erschüttert, und in den neunziger Jahren des vorigen Jahrhunderts brachen sie endgültig zusammen. Als das geschah, konnte der Weiße gar nicht schlechter vorbereitet sein für das, was nun auf ihn wartete. Eine lange Periode der Herrschaft der reinen Vernunft, die mit der Reformation begonnen hatte und von der Französischen Revolution vorgetrieben worden war, arbeitete heftig in seinem Geist und brachte ihn in Konflikt mit seinen Intuitionen und Instinkten. Der Materialismus der industriellen Revolution beeinflußte bereits seine Wertungen und Motive. Seine Beherrschung der technischen Hilfsmittel und die wachsende Fähigkeit, Entfernungen zu überwinden, in Verbindung mit der ganzen Eroberung dessen, was er unter „Zeit" verstand, das alles hatte den Europäer bergab geführt auf diesem breiten Wege – bis hin zur Überschreitung der ihm als Mensch gesetzten Grenzen; denn schließlich warf er sich selbst zu einem Gott und Lenker des Schicksals auf. Als er mit dieser Arroganz in Afrika eindrang, war er völlig außerstande, diesen Erdteil innerlich zu verstehen; er versuchte nicht einmal die Ausstrahlungen der Seele und des Geistes wahrzunehmen, jenes Geistes, mit dem diese Kornkammer der Schicksalskraft, dieses alte Schatzhaus des verlorenen ursprünglichen Lebens so reich angefüllt war. Zwar erfaßte er mit unersättlich gierigem Blick die in den Bergfelsen verborgenen Reichtümer, Diamanten und Gold. Doch die Diamanten und das Gold einer altehrwürdigen verlorenen Welt in den vielen dunklen Augen, die sich verwirrt und bewundernd zu ihm erhoben – ihr Funkeln und Strahlen sah er nicht, und für den edlen metallenen Klang im tief und warm tönenden Lachen der Eingeborenen hatte er kein Organ.

Und so ist es noch heute: Wenn ich über die Mineralvorkommen Afrikas unterrichtet werden will, verwirrt mich fast die Fülle des Materials, das mir sofort zur Verfügung gestellt wird. Wünsche ich Auskünfte über Afrikas Pflanzenwelt, werden Quantität und Qualität der Angaben, die man heraussucht, sogleich geringer. Und suche ich Belehrung über die Menschen Afrikas, nicht nur über den bloßen Oberflächenmechanismus ihrer gesellschaftlichen Struktur, sondern über tiefere Wesensschichten der afrikanischen Völker, ihre Sprachen, ihre Seelen, über die Dinge, die sie komisch, und solche, die sie wunderbar finden – dann bin ich entsetzt über den geradezu erschreckenden Mangel an Unterlagen und die allgemein zur Schau getragene Interesselosigkeit. Ich bin überzeugt, daß all dies daher rührt, daß der Europäer von vornherein als Verächter Afrikas und des afrikanischen Wesens nach Afrika kam. Er kam nicht um Afrikas willen, sondern um aus diesem Lande für sich selbst möglichst viel herauszuschlagen. Überzeugt von seiner persönlichen Überlegenheit, drängte er sich und seine Lebensweise Afrika auf, ohne einen Moment daran zu zweifeln, daß sein Weg der bessere und für Afrika nur nützlich sei. Aus demselben Grunde, warum er den einzelnen Afrikaner verachtete, verachtete er auch das soziale Gefüge der Eingeborenen, ihr Hab und Gut, ihre Landwirtschaft, die Art, ihrer Feldbestellung und ihrer Viehzucht. Häuptlinge und Medizinmänner, Stammesordnungen und altertümliche Riten wurden vom Administrator leichthin mit einem Federstrich beseitigt. Der Siedler und der landwirtschaftliche Sachverständige folgten ihm unmittelbar und zwangen Afrika ihr europäisches Vieh, europäisches Saatgut und europäische Wirtschaftsweise auf. Ihnen dicht auf den Fersen oder auch als Vorhut kam der Missionar, er nahm dem Schwarzen die Geisterverehrung, gab ihm einen neuen Sündenbegriff, tat seine religiösen Bräuche als dummen Aberglauben ab und wollte ihn für den neuen und mächtigeren weißen Gott gewinnen. Die Verwerfung Afrikas war auf allen Gebieten so vollständig wie nur irgend möglich. Anfangs setzte der Eingeborene sich mit leichtem Widerstand zur Wehr; rückblickend wundere ich mich, wie gering sein Protest war. Ich kann dies nur der Tatsache zuschreiben, daß der Afrikaner den Europäer in der ersten Zeit ebenso hoch einschätzte wie dieser sich selbst. Für den Afrikaner – und es ist wichtig, daß wir uns dies immer wieder vergegenwärtigen – sind physische Dinge nicht nur materiell, sondern zugleich Hüllen für ihre machtvollen Geister. Deshalb waren sie überzeugt, daß der Europäer mehr als ein Mensch sei, wenn er eine so enorme Macht über die materiellen Dinge ausüben konnte.

Ich bin alt genug, um mich daran erinnern zu können, welch ungeheures Schweigen sich über Afrika ausbreitete, nachdem der Europäer dort Fuß gefaßt hatte. Im Herzen des Afrikaners erstand eine stille, gespannte Erwartung von blühenden Wundern, die nun aufbrechen würden, eine ungemein rührende, erstaunliche Bereitwilligkeit, dem Europäer zu dienen, ihn nachzuahmen, ihm zu folgen und schließlich ein unbedingtes Bereitsein zu lieben und geliebt zu werden. Ich erinnere mich, in meiner Kindheit noch das Leuchten dieser Hingabe in den Augen der Afrikaner gesehen zu haben; in denselben Augen ist heute dieses Licht nicht mehr wahrzunehmen, und der Gedanke an diesen Verlust läßt mich häufig des Nachts nicht schlafen. Es sei hier daran erinnert, daß der Weiße in seinen ersten barbarischen Konflikten nur schwache Kräfte einzusetzen brauchte: das war nicht nur der Überlegenheit seiner Kriegswaffen zuzuschreiben. Heutzutage verfügen wir sogar über mächtigere und bessere Waffen als damals, und dennoch beginnt jetzt der Afrikaner, zum Beispiel in Kenia, dem Weißen wie nie zuvor Widerstand entgegenzusetzen. Nein, die ursprüngliche Bereitschaft des Schwarzen, dem Weißen zu dienen, entsprang wahrscheinlich seiner ihm unbewußten Erwartung, daß einmal jemand kommen und ihm etwas bringen würde, was nur der „weiße Mann" zu bringen vermochte. Als er dann wirklich kam, war es wie eine Antwort auf einen weit zurückliegenden Traum der Seele des Afrikaners, wie eine Erhörung seiner geheimen Hoffnung, die Afrika für die Zukunft in sich trug. Das Erscheinen des weißen Mannes schien die Erfüllung eines Versprechens zu sein, das das Leben von seinen Uranfängen her den afrikanischen Seelen mitgegeben hatte. Wäre es nicht so gewesen, hätte der Afrikaner sehr bald die Lebenskraft verloren und wäre infolge gänzlicher Entmutigung ausgestorben — wie so mancher indianische

Stamm und so manches indianische Volk in Süd- und Nordamerika, oder wie so viele Papuas und andere Südseeinsel-Völker ausstarben, als der Weiße im Pazifik auftauchte. In Afrika war aber das Gegenteil der Fall, die Schwarzen haben sich nicht nur vermehrt, sondern auch den Weißen in einer Art gedient, die fast zu gut war, um wahr zu sein. „Zu gut – zu schön, um wahr zu sein!" In diesem Zusammenhang sind solche Redewendungen von decouvrierender Deutlichkeit.

Dieser Zeitraum erwartungsvoller Stille und hingehaltener Entwicklung in Afrika war ein Moment der ungeheuren Kräfteballung und des Vertrauens in den Kontakt zwischen Schwarz und Weiß. Er enthielt eine gewaltige Schicksalschance und bot Möglichkeiten zum Positiven; damals fehlte es jedoch dem Europäer an Einsicht, das zu begreifen. Oft habe ich dieses Stadium der Unschuld, d. h. des Noch-nicht-schuldiggeworden-Seins in den persönlichen Beziehungen zwischen Menschen beobachten können, das eine oder andere Mal auch im historischen Ablauf zwischen Völkern. Ich habe es in Indonesien nach dem letzten Krieg mit den Japanern wahrgenommen. Es gab da einen Moment, als die Befreiung nach der Niederlage Japans das ganze bisher besetzte Indonesien in einer Stimmung aufatmen ließ, aus der etwas Wahres, Gutes und Dauerndes spontan hätte erwachsen können. Und ich sah dann, wie dieser Moment hinschwand, etwas

DIE GRUNDLAGE FÜR EINE DISKUSSION 57

Verzerrtes, Verkümmertes entstand, in Gesinnung, Willensäußerung und Zielrichtung nur sich selbst dienend – eine Form entstellter Wirklichkeit, nur dazu bestimmt, die ihr zugemessene Zeitspanne zu Ende zu leben und zu sterben, bevor etwas anderes ihren Platz einnimmt. Auch in Afrika sehe ich diesen „Kairos"-Moment der Unschuld und der in ihm beschlossenen Möglichkeiten verlöschen. Ich glaube, es begann bereits nach dem ersten Weltkrieg. Ich bemerkte damals schon, daß der Zauber, den wir auf den Schwarzen ausübten, gebrochen war. Über diese erste Warnung war ich so bestürzt, daß ich später darüber ein Buch schrieb*). Doch damals war die Lage noch nicht ganz hoffnungslos. Als ich aus dem letzten Krieg zurückkehrte, war ich entsetzt über die totale Veränderung, wo ich auch hinkam. Vorkommnisse, in der Zeit meiner Kindheit noch überaus selten, sind nun alltäglich geworden: Ritualmorde, Verzehren von Menschenfleisch, gegen die Regierung gerichtete Geheimbünde, plötzliche Ausbrüche von Gewalttätigkeit und Mordgier und oft scheinbar unerklärlicher Aufruhr in Gebieten, in denen seit je Ruhe geherrscht hatte. Solche Dinge waren überall im Steigen, desgleichen die anderen typischen Zeichen einer furchtbaren inneren Unruhe: der wachsende Strom der Landbevölkerung in die

---

*) IN A PROVINCE, zuerst 1935 im Verlag THE HOGARTH-PRESS, London, erschienen; ein Buch, das heute sonderbar prophetisch anmutet.

Städte, die Zunahme der Zahl enttäuschter Arbeitsloser, Intellektuelle, die sich an den Straßenecken sammeln, weil sie nirgends Beschäftigung finden, das Anwachsen politischer Agitation, Verwirrung des sozialen Gewissens, scheinbar sinnloses Zertrümmern von Schaufenstern in den Läden und unverständlicher Tumult in ruhigen Straßen der Villenbezirke.

Vor dem Kriege mit Deutschland schrieb ich: „Die Fenster des Individualitätsgeistes sind zerschmettert, schon lange ehe tatsächlich Steine in den Straßen geschleudert und Polizisten vom Pöbel in die Flucht geschlagen werden. Das Herz des Menschen befindet sich im Aufruhr, und die Kraft von Gesetz und Ordnung im Geistigen wird zuerst durch eine Horde von Nachtmahren über den Haufen geworfen. Tief verborgen in der Seele des Menschen löst sich insgeheim die Individualität bereits in die Masse auf." (Geschrieben im Jahre 1935.) Mir scheint die Entwicklung in Afrika eindeutig dieselbe zu sein. Das Vertrauen, das der schwarze Afrikaner dem Schicksal entgegenbringt, sein Gefühl des Einsseins mit den Schöpfungskräften ist zutiefst erschüttert, sein Zugang zum innersten Lebenssinn ist brutal versperrt. Nicht nur der Zauber, den der Europäer auf ihn ausübte, ist gebrochen, auch sein Glaube an die europäische Lebensweise ist ins Wanken geraten. Um den völligen Zusammenbruch, der nun von innen den schwarzen Menschen bedroht, mit dem Mut der Verzweiflung abzuwenden, kehrt er

DIE GRUNDLAGE FÜR EINE DISKUSSION

zurück zu seinen mißachteten, geschändeten, vernachlässigten und deshalb zürnenden Geistesmächten. Nur ihre Versöhnung könne, so glaubt er, ihn davor bewahren, seine ursprüngliche, bereits verletzte Seele nun ganz und für immer zu verlieren. Wie verkehrt auch die Form, in der sich die Afrikaner auszudrücken versuchen, sein mag, wie günstig die wirtschaftliche materialistische Verkleidung, in der sie sich verbergen, auch wirken mag, im Kern ist der Afrika-Konflikt ein Kampf um Sein oder Nichtsein; es geht darum, die eigene Seele wiederzufinden oder überhaupt keine zu haben.

Eine eindrucksvolle Illustration zu dem, was ich meine, sind die Mau-Mau-Unruhen in Kenia; denn das, was den Kikuyu in Kenia geschehen ist, geschah vielen anderen Stämmen in Afrika. Der Weiße hat die Lebensart des Afrikaners, die auf dem Verbundensein mit den inneren und äußeren Naturmächten beruht, diskreditiert und ihn schließlich gezwungen, ein Leben zu führen, in dem die Institutionen, Gebräuche, Weiheriten und kultischen Verrichtungen ausgelöscht sind. Damit hat er für Jahrhunderte reinen Tisch gemacht mit jenen überwältigenden Aspekten des Weltalls, die dem Verstande unfaßbar und außerhalb jeder bewußten Kontrolle, außerhalb der rationalen Abgrenzung sind. Ich will allerdings nicht unterstellen, daß es unbedingt falsch ist, jene afrikanische Lebensweise einmal aufzugeben. Es liegt unvermeidlich in der Natur der Dinge, daß früher oder später jene Lebensart entweder von allein verschwinden oder von den Afrikanern selbst abgelegt werden wird, bevor sie eine höhere Entwicklung erlangen können.

Doch eines ist sehr zu beklagen: Nachdem wir die alte Lebensform der Schwarzen in Verruf gebracht hatten, haben wir sie nicht durch eine echte, achtbare Alternative ersetzt. Kein Mensch, keine menschliche Gemeinschaft, so selbstsicher und rational sie sich auch geben mag, kann ohne Ordnungen existieren, die im Dienst jener Lebensaspekte stehen, welche mit reinem Verstandesdenken nicht durchschaubar sind. Keiner kann für unbegrenzte Zeit draußen auf der Nachtseite der Menschenseele allein gelassen werden, gleichsam in einem von Bestien wimmelnden Dschungel, jenseits der Bollwerke des Bewußtseins, die Zivilisation und Kultur zu unserem Schutz errichtet haben. Wenn eine Gemeinschaft nicht durch echte sanktionierte Mittel in den Schutz jenes Befestigungsgürtels kommen kann, wird sie es mit fragwürdigen versuchen. Wenn zivilisiert-geformte Vernunft und bewußt-gelenkte Stärke ihr nicht dazu verhelfen, werden es tierische List und brutale Gewalt tun.

Nachdem wir den Afrikanern die Verteidigungsschranken ihrer Kultur zerstört hatten, war es unbedingt notwendig, ihnen den Schutz unserer Lebensart und den freien Zugang zu unseren eigenen Institutionen zu gewähren. Im Falle der Kikuyu war es um so mehr erforderlich, als sie eines der intelligentesten Völker Afrikas sind. Doch nachdem wir ihre natürlichen Schutzschranken niedergerissen hatten, verwehrten wir ihnen die unseren. Nachdem wir ihnen ihre Lebensart geraubt hatten, machten wir es ihnen unmöglich, irgendeine andere zu übernehmen. Nachdem wir ihre Gesetze durch unsere verdrängt hatten, gestatteten wir ihnen nicht, nach unserem Recht zu leben, sondern zwangen sie vielmehr, in einer ungewissen Lage, in dumpfer Hinnahme eines Zustandes des Nicht-Seins dahinzuvegetieren. Das ist etwas, was keiner Menschengruppe zugemutet werden kann, ohne daß sie zugrunde geht. Was den Primitiven am meisten in Schrecken versetzt, ist nicht physische Bedrohung, nicht Lebensgefahr, sondern die Furcht, seine Seele zu verlieren. Von dieser Furcht sind sein ganzes Dasein, seine Ritualfeiern, seine Religion, sein Alltagsleben durchtränkt. Ich glaube, daß die Mau-Mau-Bewegung ein verzweifelter Versuch der Kikuyu ist, solch einen Verlust ihrer Volksseele zu verhindern. Was zur Zeit dort vorgeht, ist in einem tiefen, ursprünglichen Sinn ein Religionskrieg. Mag es auch ein Kampf für eine so rohe, so niedrige Form der Religion sein, daß sie alle zivilisierten Gefühle in Revolte versetzt und der Europäer gezwungen ist, sie mit allem Nachdruck zurückzuweisen – ein Religionskrieg ist es trotz alledem. Es ist der Kampf der Kikuyu für ihre alten Kikuyu-Götter. Es ist ein Kampf – wie die

Römer sagen würden — für „die Asche ihrer Väter und die Tempel ihrer Götter".

Ich könnte Ihnen viele Beispiele ähnlicher Prozesse bringen und darlegen, daß als Folge der von Verständnis nicht erleuchteten Politik der Weißen sich irgendwo in Afrikas verborgenem Sein eine unheildrohende Macht wachsender Energien zusammenballt, die genügt, jene Welt zu zerschmettern, die im Begriff steht, ihm seine Seele zu rauben. Afrika ist heute mit sprengenden Kräften geladen wie ein Atom-Meiler. Denn Afrika — angefangen bei seinem Boden und seinen wilden Tieren bis zu den intelligentesten seiner Eingeborenen — Afrika läßt es nicht zu, daß ihm seine Seele geraubt wird, ohne daß es mit furchtbarer Erbitterung sich dagegen wehrt. Selbst seine Erde, jener uralte rote Boden über den Formationen des Urgesteins, rebelliert gegen europäische Landwirtschaftsmethoden und führt eine Art ständigen „Mau-Mau-Kampfes" gegen Getreide und Vieh des weißen Mannes. Der Grund und Boden will nicht mehr mittun; hier wird er unter der sengenden Sonne in Staubwolken fortgeweht, dort füllt er zur Regenzeit die Flüsse, daß sie blutrot zum Meere strömen, anderswo brodelt er wie Porridge in dampfenden Niederungen. Die Wüste nähert sich Kapstadt mit einer Geschwindigkeit von mehr als einem Kilometer im Jahr. Das aus Europa eingeführte teuere und seltene Zuchtvieh wird unfruchtbar und schwach, und die Herde schrumpft innerhalb weniger kurzer Generationen im tropischen Afrika zur Hälfte ihrer früheren Größe zusammen. In der aus Europa importierten Viehzucht und Landwirtschaft ist bereits das Gesetz der sinkenden Erträge in Kraft getreten. Kluge Europäer, die afrikanische Gegebenheiten genau beobachtet haben, zogen eine warnende Lehre aus dem, was aus ihrem Vieh und Saatgut wurde, das sie extra aus Europa mitgebracht hatten. Nun kehren sie zu den verachteten höckrigen afrikanischen Rindern zurück, um ihr eigenes Vieh aufzufrischen, zu verjüngen, und damit zugleich den fallenden Saldos ihrer Bankabrechnungen wieder aufzuhelfen. Die Klügsten von ihnen haben sogar ihren europäischen Viehbestand abgestoßen und wandten sich der Zucht des zuerst verschmähten einheimischen Viehs zu mit derselben Sorgfalt und demselben Geschick, die ihre Vorfahren der Zucht der aus Europa stammenden Viehrasse angedeihen ließen; und das Ergebnis war, daß Afrika sie sogar dafür mit Reichtum belohnte. – Doch sonst ist die Empörung in Afrika wie aus einem Guß. Die Reaktion der Eingeborenen und des einheimischen Grund und Bodens auf den Versuch des Weißen, Afrika und seinen Menschenkindern ihr eigenes, nur ihnen zugehöriges Sein zu verwehren, ist einhellig und absolut.

Das einzig Erstaunliche dabei ist nicht die Revolte selbst, sondern die Verwunderung des Weißen darüber, daß sie erfolgt. Als jenes Schweigen, von dem ich vorhin sprach, sich über Afrika niedersenkte, als all das plötzlich aufhörte, was sich seit Tausenden von Jahren in den zahllosen afrikanischen Volksstämmen geregt hatte – entweder als kriegerisches Dasein mit Überfall, Kampf und Beutezug oder als friedvolles Leben, in die Natur eingetaucht mit strengem geheimnisvollem Ritual zur Läuterung der dunklen Energien, – als dieser Jahrtausende währende Strom anhielt, setzte der Schwarze überall eine gehorsame Miene auf und tat demütig, was man ihm gebot, so sehr es auch im Widerspruch zu seinem früheren Verhalten stand. Als diese ehrerbietige Gutwilligkeit plötzlich auf dem Antlitz des uralten Landes erschien, hätte man annehmen können, daß der eine oder andere Europäer sich gefragt hätte: wo sind denn jene schreckenerregenden seelischen Energien geblieben, die sich in Kämpfen, in nomadenhaften Wanderzügen und in ehrfürchtig gepflegtem Ritual verströmten? Was ist aus ihnen geworden? Wie und wo sind sie nun am Werk? Wie kommen sie jetzt zum Ausdruck? Denn es besteht ja ein unausweichliches Naturgesetz, wonach Energie wohl umgewandelt, jedoch nie ausgelöscht werden kann. Man möchte annehmen, die Weißen hätten begriffen, daß nun die Aufgabe vor ihnen stünde, die Energieströme der Schwarzen in legitime Kanäle zu leiten, ihnen nun eine neue Lebensform zu gewähren, sie großzügig mit all den seelischen Schutzvorrichtungen auszustatten, die unsere Kultur uns zur

Verfügung stellt. Doch unglücklicherweise kam niemand in Afrika darauf, solche Fragen zu stellen. Statt dessen wurde die plötzliche Unterwürfigkeit der Afrikaner als schlüssiger Beweis für die enorme „Überlegenheit" des weißen Mannes angesehen. Die „Unterwürfigkeit" des Schwarzen wurde genau so ausgebeutet, wie die weniger entwickelte Bewußtseinslage zurückgebliebener Klassen der bürgerlichen Gesellschaft vor hundertfünfzig Jahren der modernen Industrie-Ära. In diesem Zusammenhang betonte ich die Charakterisierung der plötzlichen Unterwürfigkeit des Afrikaners – „zu gut, um wahr zu sein". Und das führt mich nun zu der Formulierung meines Vortragstitels.

Dieser Titel ist dem malaiischen Begriff „Mata Kelap" entlehnt. „Mata" bedeutet im Malaiischen „Auge" und „Kelap" – „dunkel". Dieser Ausdruck „Dunkles Auge" wird auf Sumatra und Java gebraucht, um ein merkwürdiges und beunruhigendes soziales Phänomen zu bezeichnen. Vom sozialen Standpunkt aus gesehen, ist das Benehmen der Malaien, Sumatraner und Javaner geradezu vorbildlich, sie sind wohl die besterzogenen Menschen, die ich je angetroffen habe. Äußerlich sind sie sehr sanfte, verfeinerte, ergebene Wesen. Tatsächlich stammt das Wort „Malaie" vom Wort „malu", das „sanft", „gütig" bedeutet; „Sanftheit" ist eine seelische Eigenschaft, die bei den Malaien und ihren benachbarten Völkern am höchsten geschätzt wird. In ihrem Familienleben, in ihrer Unterordnung unter die Herrschaft von Tradition und väterlicher Autorität gehören sie zu den gehorsamsten Menschen auf der Welt, und im Befolgen dessen, was sie für ihre Pflichten der Gemeinschaft gegenüber halten, sind sie geradezu Muster, die selbst reinste Preußen-Herzen entzücken könnten. Doch ab und zu geschieht etwas außerordentlich Aufregendes. Ein Mann, der sein ganzes bisheriges Leben lang ein so verbindliches Betragen gezeigt und für die Welt stets seine Pflicht beispielhaft erfüllt hat, findet es plötzlich unmöglich, das auch fernerhin zu tun. Über Nacht revoltiert er gegen alle Sanftheit und Pflichttreue und läuft, das Krismesser in der Hand, hinaus, um jeden zu ermorden, der ihm solche Gutwilligkeit auferlegt hat – Vater, Mutter, Frau, Kinder, den Dorfältesten oder den Plantagenbesitzer, dem er als vorbildlicher Aufseher gedient hat. Geschieht einem Menschen so etwas, sagt man auf jenen linden smaragdgrünen Inseln: er ist ‚Mata Kelap' geworden, das heißt sein Auge hat sich in ihm verfinstert. Bezeichnend ist übrigens, daß der Geist, der die volkstümliche Phantasie der Malaien am häufigsten heimsucht, ein Geist ist, der Gegenstände, Töpfe, Tiegel, Tongefäße u. a. zerschmettert. Dieses sonderbare „Mata Kelap" jener Inseln möchte ich hier als ein Phänomen von nationaler und nicht nur individueller Bedeutung ansprechen. Wir haben alle eine ähnliche Finsternis beobachten können, die sich langsam in den Augen einer der geachtetsten Nationen Europas zusammenzog, in den blauen Augen der Deutschen, wobei ich noch andere europäische Parallelen erwähnen könnte. Was auf nationaler Ebene heute in Afrika geschieht, ist das erste Auftauchen von „Mata Kelap" auf dem afrikanischen Kontinent. Die Mau-Mau-Bewegung ist der bisher schrecklichste Zeuge dafür, daß Afrikas Auge sein lichtes Strahlen verliert und sich verdüstert.

Und wieder muß man die Frage stellen: Warum verhält sich der Europäer in dieser Art? Warum kann er nicht begreifen, was er Afrika zufügt, warum kann er seine Handlungsweise nicht beizeiten korrigieren? Diese Fragen bringen mich auf das, was ich als das unheilvollste Element ansehe. Ich persönlich glaube, es ist vielmehr das Auge des Europäers, das sich so sehr getrübt hat und weder sich selbst noch die Dinge ringsum in ihrer vollen Realität zu erblicken imstande ist. Das innere Licht, „die natürliche Fackel inmitten des dunklen Waldes des Lebens" (lumen naturale) wie Dante sagt, wodurch der Mensch einst lebte, wurde ausgelöscht, und Dunkel beginnt in uns und um uns wie eine Flut emporzusteigen. Mir scheint, der Europäer provoziert geradezu blind und unwissend alle diese Ereignisse in Afrika, weil er sie in den Tiefenschichten seines Ichs selbst hervorruft.

Etwa seit der Reformationszeit befindet sich der Europäer in wachsendem Maße im Kriegszustand mit sich selbst. Gewisse Aspekte seines Wesens, die er als besonders nützlich und lohnend erachtete, um seinen eigenen Zivilisations- und Kulturtyp hervorzubringen, wurden – zum Schaden der übrigen Aspekte – übermäßig entwickelt; auf diese Weise wurde einem sehr tiefen und wichtigen Teil seines Wesens Gewalt angetan. Das muß sich nicht unbedingt fatal auswirken. Bis zu einem gewissen Grade ist das die Art, auf die alle Zivilisation entstanden ist. Es ist sozusagen die von Prometheus begangene Sünde, die alle Menschengemeinschaften begehen, um ihre eigene Kultur überhaupt erst entfalten zu können. Doch selbst eine solch edle Sünde muß, um nicht zur Katastrophe zu führen, innerhalb ihrer eigenen, gleichsam klassischen Proportionen verbleiben. Sogar Tugend schuldet dem Vorrecht des Maßes Achtung. Wer die Disziplin des ausgewogenen Maßhaltens nicht freiwillig, von innen heraus, zu lernen vermag, muß es durch hereinbrechende Katastrophen von außen lernen; denn alles, was die Grenzen zu weit überschreitet, ruft eine gewaltsame Reaktion hervor, mit dem Ziele das Gleichgewicht zu finden. Unglücklicherweise scheint es ein Gesetz des Lebens zu sein, daß es menschlichen Gemeinschaften fast stets unmöglich ist, ohne Katastrophe in der physischen Welt, einen überalterten, überspannten Entwicklungsprozeß umzukehren. Abgesehen von jenem wundervoll schöpferischen Moment in unserer Geschichte, als die beiden Pole des

Menschseins, das Natur-vertrauende, instinktive heidnische Element und das mit der Denkkraft vorwärtsdrängende, bewußte, christliche Wahrnehmen einander nahe genug kamen, um jenen Blitzstrahl zu zeugen, der noch immer unsere Vorstellungswelt erhellt und den wir „Renaissance" nennen, – abgesehen von dieser Epoche der Wiedergeburt und des ersten Erwachens des modernen Menschen sind wir nun zu einem Extrem gelangt, wo nicht nur der natürliche, dem Kosmos verbundene Mensch in uns sehr wenig Achtung genießt, sondern wo auch seine so überreichen intuitiven und instinktiven Eingebungen summarisch aus den Vorhöfen unserer Vernunft herausgeworfen werden – genau so wie die „Primitiven" unserer Epoche vom westlichen Menschen der Verachtung preisgegeben und verworfen wurden.

Nun besteht in einem fundamentalen Sinn das Wesen eines jeden Menschen aus zwei Hälften: Er ist eigentlich nicht eine Person, sondern – es sind zwei Personen, die versuchen, im Einklang miteinander zu handeln. Ich glaube, daß sich im Innersten einer jeden Menschenseele etwas befindet, was ich nur als ein „Kind der Finsternis" beschreiben kann und das dem mehr zutage tretenden „Kind des Lichtes" gleichwertig ist und es ergänzt. Ob wir es wissen oder nicht – in uns allen befindet sich auch ein natur-naher, instinktgeleiteter Mensch, ein dunkler Bruder, an den wir, wie an unseren eigenen Schatten, unabänderlich gebunden sind. So sehr unsere bewußte Vernunft ihn auch ablehnen mag, er ist doch vorhanden, sei es im Guten oder im Bösen, und ruft fordernd nach Anerkennung und nach einem gerechten Anteil am Leben – wie der weniger bewußte Schwarze in Afrika nach seinem Anteil an Leben, Licht und Ehre in unserer menschlichen Gemeinschaft ruft und ihn sich erkämpft. Ich brauche nicht zu betonen, daß diese rationale, berechnende, scharf urteilende und bestimmte Persönlichkeit, zu der der westliche Mensch geworden ist, jenen Teil seines Ichs nicht als einen Bruder, sondern immer mehr als einen Feind ansieht, der mit der Sturzwelle ungestümer Gefühle und farbenreicher Impulse fähig ist, die vom vernunftbewußten Menschen so sorgsam geplante und genau kalkulierte Existenzhaltung zu zertrümmern.

Meine Deutung sehe ich heute in der Vehemenz unserer Voreingenommenheit den Farbigen gegenüber bestätigt. Ein solches Gefühl heftiger Abneigung hat bisher in Europa nicht existiert. Als meine Vorfahren vor mehr als dreihundert Jahren am Kap der Guten Hoffnung landeten, war das Rassenvorurteil viel weniger ausgeprägt. Als Beweis dafür leben zur Zeit etwa eine Million „Farbige", d. h. Mischlinge, in der Kap-Kolonie. In der kultischen Tradition der christlichen Kirchen ist einer der drei heiligen Könige aus dem Morgenlande ein Schwarzer, und seine Anwesenheit unter den drei Weisen, die Christus in der

DIE GRUNDLAGE FÜR EINE DISKUSSION

Krippe in Bethlehem anbeteten, war unerläßlich, um die Symbolik dieser Handlung in unserer Imagination zu vollziehen. Doch im Verlauf der letzten Generationen wuchs das Rassen-Vorurteil unter den Europäern zu einer solchen Stärke an und gewann eine so vernichtende Gewalt, daß es in immer größeres Blutvergießen in Afrika auszuarten droht. Ja, überall in der Welt ist es stärker und explosiver geworden, und zwar in demselben Maße, in dem sich die Kluft zwischen dem hyper-rationalen, spezialisierten modernen Menschen und seinem ursprünglichen natürlichen Quellgrund verbreitet hat. Erschreckend schnell wächst die Trennung des Weißen, mit dem hellen tagwachen Gesicht, von seinem dunklen Bruder im eigenen Innern, den er unterdrückt. Weil der Weiße in Afrika im Schwarzen die dunkle Seite seines eigenen Wesens, die er in sich verdrängt hat, nun außen wiedergespiegelt sieht, deshalb hat sich die Voreingenommenheit gegen die schwarze Haut so sehr vertieft; sie wurde zu einem gefahrdrohenden Symptom. Der Europäer verwechselt innen mit außen, er verwechselt seine eigene innere dunkle Realität mit dem, was er als Widerspiegelung draußen findet, und stürzt sich, ohne Zögern, in einen fruchtlosen und für beide katastrophalen Kampf.

Seit Jahrzehnten sprechen wir von der Bürde des weißen Mannes in Afrika, doch welch fatale Ironie liegt in dieser Phrase! Wäre es nicht viel angebrachter, heute von der Bürde des schwarzen Mannes zu reden? Ich denke dabei selbstverständlich an die „Bürde" jener furchtbaren, wenn auch unbewußten Projektion europäischer Welt- und Lebensvorstellungen, die der Weiße auf den Afrikaner ausstrahlt, und dafür ist er so überaus aufnahmebereit durch sein ursprüngliches, instinktives Dasein und die fast mystische Verbindung mit seiner natürlichen Umwelt. Gerade diese Projektion, hervorgerufen durch den tückischen Bruderkrieg in der tiefsten Seele des modernen Menschen, ist es, die den Weißen stets daran hindert, den Schwarzen so zu sehen, wie er wirklich ist. Der Weiße sieht im Schwarzen nur jene Seite, die seine eigene Projektion bestätigt und ihn rechtfertigt, sie als reale und unverfälschte, objektive Tatsache gelten zu lassen – was sie aber keineswegs ist. Das Resultat ist für beide beklagenswert. Da der Europäer über die organisatorische Macht verfügt, zwingt diese furchtbare Konfusion ihn, eine politisch-gesellschaftliche Form zu schaffen, in der der Schwarze dazu verdammt ist, nur diejenige Rolle zu spielen, die die immer deutlicher werdende Projektion des Weißen ihm zu spielen vorschreibt. Der Schwarze wird dadurch gehindert, er selbst zu sein und das ihm allein eigentümliche Sein auch wirklich zu erfüllen, zu durchleben. Er gleicht Adam im Paradiesesgarten, der die verbotene Frucht vom Baum der Erkenntnis gegessen hat und nun unter den Blättern des Baumes verborgen, zitternd vor der magnetischen Nähe Jehovas, Gericht und Verdammung erwartet. Eine Macht, stärker als er, verbannt den Afrikaner für immer aus dem Garten seines urtümlich-archaischen Zustandes. Der weiße Mann und seine abgrenzende, dem Schwarzen nicht durchschaubare Projektion sind ihm im Wege, hindern ihn daran, seinem Leben einen neuen Impuls zu geben, ja verbieten ihm, sein Ich weiter zu entwickeln. Hinter ihm versiegelte der Erzengel mit flammendem Schwert das uralte Tor für immer, vor ihm steht ein schmallippiger, mit einem Maschinengewehr ausgerüsteter, weißer Wachtposten und verlegt ihm den Weg. So kommt es, daß auch in der Seele des Schwarzen ein nicht verwirklichter Aspekt gefangen bleibt, ein dunkler Bruder, noch dunkler als er selber. Die ständige Verneinung, Tag für Tag, erfüllt ihn mit dem Geist der Rache, seine ungenutzten Energien stauen sich, bedrohlich schnell wächst er zu einem zornigen Riesen heran, der jeden Moment seine Fesseln sprengen und seine Kräfte wie ein Koloß gebrauchen kann.

In der Seele des Weißen entwickeln sich gleichzeitig dieselben Prozesse. Auch sein ungelebter Aspekt, der verachtete und verworfene dunkle Bruder seines eigenen Ichs, wird von Tag zu Tag größer und furchtbarer. Bisher pflegten diese Dinge im Leben nur so zu enden: die ungelebten Aspekte in beiden Gegnern überwältigen ihre eigenen Bedrücker, die Schranken des Bewußtseins, die sie solange gefangenhielten, geben nach, und beide verbeißen sich ineinander in einem verhängnisvollen Kampf. Unser Jahrhundert hat uns genug Beispiele katastrophaler Entwicklungen vorgeführt, zu welchen Extremen das Tierhafte des europäischen Sozialwesens gelangen kann, wenn es die Entzweiung in seinem Innern in die Welt hinausprojiziert. Deshalb können wir uns nicht damit herausreden, wir hätten von dieser Technik im Zusammenleben der Völker nichts gewußt. Kehren wir wieder zu dem physikalischen Begriff Energie und zu seiner Terminologie zurück, denn diese unpersönliche Sprache wird dem Problem am besten gerecht.

In der Physik können wir nicht ein gegebenes Feld mit negativer Elektrizität aufladen, ohne daß gleichzeitig eine ebenso große positive Spannung entsteht. Wie hoch diese Spannung auch sein mag, eine ihr gleich große hält auf der anderen Seite Schritt und läuft parallel zu ihr, bis schließlich beide so mächtig werden, daß sie den Raum, der sie voneinander trennt, überspringen und der Zick-Zack-Funken entsteht, den man Elektrizität nennt. Eine negative Projektion, die ein Individuum oder eine Rasse betrifft, verhält sich auf dieselbe Weise. Wir können das Phänomen nennen, wie wir wollen, entsprechend dem Lebensfeld, in dem unsere Energien gebunden sind: Sozialisten werden Klassenkampf dazu sagen, Marxisten sehen es als Streit zwischen Kapital und Arbeit, Vertreter der vitalistischen oder mechanistischen Weltanschauung betrachten es als eine Auseinandersetzung zwischen Idealismus und Materialismus; für Philosophen und Künstler ist es die ungelöste Gegnerschaft von Apollinischem und Dionysischem, von klassischen und romantischen Tendenzen, für Geistliche ein Ringen zwischen Christentum und Heidentum und für den südafrikanischen Staatsmann ist es die Feindschaft zwischen Weiß und Schwarz.

Was aber im tiefsten Grunde die Verworrenheit, die mit Explosivkraft geladenen Vorurteile unserer Zeit erklärt, das ist die Annahme eines ungelebten Aspektes im Menschenwesen, im Einzelnen wie in der Gemeinschaft; dieser Aspekt sucht seinen Ausdruck in bösen Mitteln, weil ihm die guten verweigert wurden. Vor allem erklärt nur dies die seltsame Nötigung des Schicksals, die frisch aufspringenden Lebensfragen mit dem schrecklichen Schiedsspruch von Krieg und Unheil zu entscheiden. Das von Vernunft erfüllte, kultivierte, wissenschaftlich gebildete, fortschrittliche Deutschland vom Jahre 1914 gibt uns dafür ein vortreffliches Beispiel. Aus einem unbedeutenden, kaum gekannten Kurfürstentum des Heiligen Römischen Reiches hat sich Deutschland allmählich zum großen Deutschen Reich entwickelt; je erfolgreicher und mächtiger es in der Außenwelt wurde, desto stärker wurde es im Innern von einer unheildrohenden negativen Energiespannung aufgeladen. Während des ganzen neunzehnten Jahrhunderts stieg dieses unheimliche Fieber der deutschen Seele im gleichen Verhältnis zu seinen Erfolgen in der materiellen Welt. Die wachsende Spannung zwischen Dunkel und Licht in seiner Seele sprang schließlich ungestüm auf die Nachbarn Deutschlands über und rief dort die Konzentration entgegengesetzter Kräfte hervor; ein sich schnell ausdehnendes System von Defensivbündnissen war die politische Folge. Tritt ein solcher Moment in der Seele eines Einzelwesens oder einer ganzen Nation ein, so verdorren die geistigen Früchte, verblaßt das Innenbild und das Denken entspricht nicht mehr der Zeit. Dann zieht sich die Volksseele zurück auf bereits überwundene und entwertete Bastionen, eine nach der anderen, bis ein machthungriger Mythos sie zum Schluß überwältigt. Unglücklicherweise war der Mythos, der Herz und Sinn der Deutschen mit sich riß, besonders schreckenerregend. Soviel ich weiß, ist die germanische Mythologie die einzige, in der die Macht des Bösen schließlich triumphiert. Wie Sie sich erinnern werden, endet das kosmische Geschehen der Götterdämmerung damit, daß die Mächte der Finsternis über die Regenbogenbrücke stürmen, um die Götter des Lichts und ihre Gefolgschaft zu vernichten. Gibt es eine bessere Beschreibung dessen, was zweimal in diesem Jahrhundert dem deutschen Volksgeist angetan wurde?

In Afrika hat dieser Prozeß noch nicht den Höhepunkt erreicht, doch die Gesinnung des Weißen und sein dem Schwarzen entgegengeschleudertes ‚Nein' wird von Tag zu Tag unduldsamer und ruft automatisch in der Seele des Schwarzen eine gleich starke feindliche Energiespannung hervor. Bei beiden Partnern hat sich das Auge verdunkelt und verdunkelt sich ständig mehr. Anatole France sagt, daß oftmals Menschen um Worte willen einander töten, verständen sie aber den wahren Sinn, den die Worte ihnen zutragen wollen, würden sie einander umarmen. Dafür gibt es ein hohes Sinnbild. Vielleicht erinnern Sie sich der Legende vom weißen und schwarzen Ritter in der Sage von König Artus' Tafelrunde? Zwei Ritter, einer in einer schwarzen, der andere in einer weißen Rüstung, reiten auf der Suche nach einer ritterlichen Aufgabe durch einen dunklen, gefährlichen Wald und begegnen einander. Sie glauben sich bedroht, lassen ihr Visier herab, fordern einander zum Zweikampf heraus und beginnen miteinander ohne weitere Erklärung zu fechten. Sie kämpfen, bis beide, zu Tode verwundet auf dem Grase nebeneinander niedersinken. Und erst dann, im Sterben, nehmen beide ihren Helm ab – und entdecken, daß sie Brüder sind.

Im Hinblick auf das, was heute in Afrika vorgeht, klingt vielleicht die aus jener Sage übertragene Folgerung, auch der Schwarze und der Weiße hier könnten Brüder sein, zu phantastisch. Aber es gibt ja in vielen Nationen Sprichwörter, in denen zum Ausdruck

kommt, daß der Haß der Liebe verwandt sei. So
möchte ich Ihnen den Gedanken nahelegen, daß der
Kampf in Afrika gerade deswegen so tragisch und
tödlich anhebt, weil der im Naturrhythmus lebende
Schwarze den Europäer insgeheim anzieht, ganz
gleich, wie sehr er ihn bewußt ablehnt. Ich sage das
mit voller Überzeugung, weil ich in Afrika geboren
bin und inmitten der Vorurteile, von denen ich eben
sprach, nicht nur gelebt habe, sondern diese selber
empfand. Eines Tages erkannte ich aber, daß es in
meiner frühen Kindheit eine Zeit gegeben hat, in der
ich diese Vorurteile noch nicht besaß. Als ich weiter in
meine Vergangenheit zurückschaute, entdeckte ich,
daß die wirklichen Könige, Königinnen und Prinzen,
die Hexen, Zauberer und Magier, daß alle jene lebendigen Märchenwesen, die meinem Kindheitserleben
eine tiefere Bedeutung verliehen, nicht die selbstsiche-
ren, über alles abschätzig urteilenden Europäer waren,
sondern unsere schwarzen, gelben oder kupferbraunen
Dienstboten; sie sind fast alle schon seit langem verschwunden, aber ihre Namen klingen immer noch in
mir. Sie waren es, die in meiner Vorstellungswelt eine
solche Rolle spielten, die kein Europäer jemals ver-
drängen konnte. Ich vermute, daß in einer Tiefen-
schicht des Unbewußten dasselbe auch von meinen
südafrikanischen Landsleuten gilt. Und ferner vermute ich: wenn der Europäer in Afrika fähig wäre,
in seinen Gedanken dieses noch naturnahe, harmo-

nische Moment zu Beginn seines eigenen Lebens wieder zu entdecken und wieder zu schätzen, ja in Ehren zu halten — dann würde jene unnatürliche Spannung zwischen beiden Welten langsam schwinden. Allerdings ist zur Zeit kein Zeichen dafür erkennbar, daß sich dies ereignen könnte.

Doch habe ich mir in meinem heutigen Vortrag nicht die Aufgabe gestellt, darzustellen, wie eine solche Wiederentdeckung unseres verlorenen und rechtmäßigen, naturhaften Wesensteiles zustande kommen könnte. Mein Anliegen war, zu vermitteln, was ich für den inneren Quellgrund jener Unruhe in Afrika halte. Folgendes darf ich noch hinzufügen: C. G. Jung sagt irgendwo, daß der Aspekt von demjenigen, was der Mensch opfert, um ein bestimmtes Ziel in seinem Leben zu erreichen, viele Jahre später lebendig wiederersteht; es tritt, ein Messer in der Hand, mit der Forderung auf, nun das zu opfern, was ihm damals selbst zum Verhängnis geworden ist. Dieser Ausspruch gibt uns ein Bild jenes Dilemmas, in dem sich heute nicht nur Afrika, sondern die ganze Welt befindet. Das ganze Problem der modernen Kultur enthüllt das tiefe Bedürfnis nach einer transzendenten Kraft, nach einem transzendenten Ziel, wofür weder der Weiße, noch der Schwarze, weder der kosmisch-fühlende, noch der intellektuell-denkende Mensch einander aufgeopfert werden; im Lichte eines übersinnlichen Zieles können sich beide wiederfinden und gegenseitig ergänzen.

Dann brauchen die beiden gegensätzlichen Spannungen nicht länger das Medium des grellen, gefährlichen Blitzes, um hektisch Kontakt zu finden, sondern können endlich einander erlösen und sich umwandeln in eine Quelle frei strömender, schöpferischer Kraft.

Zu Beginn meiner Arbeit habe ich erwähnt, daß es wenigstens vier Ebenen, vier Dimensionen gibt, von denen aus die afrikanische Unruhe betrachtet werden muß. Jetzt bleibt mir noch zu erklären, was diese vier Dimensionen zusammenhält. Ich behaupte und möchte es eindringlich wiederholen, dieser in Afrika tobende vierdimensionale Konflikt ist in jedem einzelnen menschlichen Individuum enthalten. Ich möchte darauf hinweisen, daß die Unruhe in Afrika in allen ihren Facette-Spiegelungen – der kosmischen, globalen, europäischen und afrikanischen – im Grunde eine Ausweitung unserer eigenen individuellen Unruhe ist. Das könnte vielleicht absurd klingen. Wie kann denn eine kosmische, universale Erscheinung auf etwas so Winziges reduziert werden? Für mich ist aber diese Relation nicht willkürlich. Die bedeutendste Entdeckung der Physik unserer Zeit ist die Tatsache, daß die gewaltigste und unvorstellbare Kraft im allerwinzigsten organischen Kern der Materie beschlossen ist. Die Kraft, die droht, die Welt auseinanderzureißen, wohnt nicht in den Wolken oder auf den Bergen, sondern im unsichtbaren Herzen des Atoms. Auch die innere Kraft, die gleich der Macht des Atoms die

Kultur entweder erneuern oder zerschmettern kann, ist in der kleinsten Einheit der Gesellschaft, in der Individualität, beschlossen. Die Individualität ist die geheime vorgeschobene Basis, von der aus diese Kraft einstrahlen kann in Beratungszimmer, Mütterversammlungen, Gemeinderäte, Parlamente, Kontinente und Nationen. Deshalb ist Afrika heute für uns alle von so tiefer Bedeutung.

Ich reise viel in der Welt umher, und überall werde ich davon beeindruckt, welch großes Interesse dem in Afrika gärenden Konflikt entgegengebracht wird. Selbst in Ländern, die keine kulturellen oder historischen Verbindungen mit Afrika haben, stieß ich auf jenes intensive, außergewöhnliche Interesse an dem, was jetzt dort vorgeht. Ich beobachte es an mir selber, in Afrika geboren, mit Afrika vertraut, fühle ich mich dennoch immer wieder genötigt – ohne es verstandesmäßig begründen zu können –, nach Afrika zurückzukehren und diesen Erdteil aufs neue zu erforschen. Eines Nachts, als ich allein, nur von meinen schwarzen Trägern umgeben, im afrikanischen Busch saß, begriff ich plötzlich den inneren Sinn meines eigenen Drängens – und vielleicht auch die Erklärung des außerordentlichen Interesses der Welt für Afrika. Wie ein Blitz durchzuckte mich die Erkenntnis, daß ich deshalb Afrika durchwandere, weil ich nur so fähig werde, in die tiefen Geheimnisse und noch unverstandenen Zusammenhänge meines eigenen Herzens und Geistes einzudringen. Ich entdeckte, daß ich darum Afrika so gründlich bereiste, weil es mir den Zugang eröffnet zu verborgenen Schichten in meiner eigenen, noch unverstandenen Seele, die ich sonst auf keine andere Weise erreicht hätte.

Vielleicht besteht darin das Geheimnis, der Sinn Afrikas für uns alle. Der moderne Mensch, der sich der Zukunft verantwortlich weiß, muß einsehen lernen – wenn auch unter Schmerzen und fast gelähmt –, daß er den Sinn seines Ursprungs verloren hat; er merkt plötzlich, mitten in der Todesangst vor der gewaltigen, ständig wachsenden Abschnürung von den Schöpfungskräften, daß das Leben Afrika seinen erblindenden Augen wie einen magischen, durch ein Wunder geretteten Spiegel entgegenhält. In diesem großen Zeitenspiegel erscheinen die innersten Strahlungen seines uralten, ewigen Wesens. Er kann, wenn er nur will, darin sein verachtetes, zurückgestoßenes, sein ursprüngliches Selbst wiederfinden und, bevor es zu spät ist, das ganze Elend seiner eigensinnigen Verhärtung durchschauen.

Eine Erinnerung aus meiner Kindheit, die mich mein ganzes Leben begleitet, gibt dafür ein anschauliches Bild. Als Kinder pflegten wir unsere Spiegel vor die zahmen Affen auf den Boden zu stellen und zu beobachten, wie die Tiere sich dann benahmen, wenn sie zum ersten Male ihre Gesichter widergespiegelt sahen. Es war sehr belustigend für uns, da die Affen natürlich nicht begreifen konnten, daß das, was sie im Glase erblickten, ihr eigenes Spiegelbild war. Der Vorgang der Reflexion überstieg ihr Begriffsvermögen. Sie vermochten nicht, die häßlichen, Grimassen schneidenden, immer wütender werdenden Gesichtszüge, die ihnen entgegenstarrten, als die eigenen zu erkennen. Die einzige Erklärung von dem, was sie im Spiegel erblickten, war, daß dort ein anderer Affe vor ihnen stand. Sie versuchten prompt, die Existenz jenes fremden Affen zu untersuchen. Vorsichtig wagten sie, dessen Gesicht zu betasten, doch fühlten sie mit ihren purpurfarbenen Fingern nur das Glas. Immer wieder blickten sie hinter den Spiegel, ohne die sich jedesmal wieder entziehende Gestalt dort zu finden. Die einzige Lösung des Problems bestand schließlich darin, den Spiegel zu packen, ihn wütend auf den Boden zu schleudern und in kleine Stücke zu zersplittern.

Das scheint mir ein tiefes Sinnbild dessen zu sein, was sich im Leben unserer Generation und in Afrika abspielt. Menschen und Länder sind Spiegel für einander. Sie sind natürlich auch sie selbst, genau so wie der Spiegel er selbst ist und nicht das, was er widerspiegelt. Aber sie erkennen nur selten das, was sie in Wirklichkeit sind: Meistens sehen sie das, was in ihrem Innern verborgen ist, nur im gegenseitigen Spiegelbild. Spiegel und Spiegelbild von einander zu unterscheiden, noch dazu wenn das Bild in das vielschichtige Reich des lebendigen Geistes und des menschlichen Seins zurückgeworfen wird, fällt uns nicht leicht. Diese Fähigkeit, den Reflektor und die Reflexion auseinander zu halten, ist bei uns allen noch so gering und relativ unentwickelt, daß man in zukünftigen Zeiten zweifellos über uns ebenso lachen wird, wie wir über die Affen lachen.

Ich glaube, der größte aller Spiegel, den unser Zeitalter uns vorhält, ist Afrika. Wir alle, in Ost oder West, wir verstörten Menschen des zwanzigsten Jahrhunderts, starren wie hypnotisiert in diesen Spiegel, doch sehen und erkennen wir nicht in ihm das Spiegelbild unseres eigenen verborgenen Ichs. Dennoch wird das Weltinteresse von den Ereignissen in Afrika mächtig angezogen, da die Welt ahnt, daß Afrika das Geheimnis ihres eigenen verborgenen Wesens besitzt. Ohne dieses auf wunderbare Weise bewährte Afrika, ohne dieses Land und seine unverbrüchliche Treue zu der ursprünglichen Charta des Lebens wäre diese Widerspiegelung im allerletzten Augenblick nicht möglich. Laßt uns dafür beten, daß wir es alle begreifen lernen: Es ist unser eigenes Wesen, was uns aus Afrika entgegenblickt. Laßt uns nicht in blinder Wut diesen kostbaren magischen Spiegel zerstören – wie so viele verschwundene Kulturen vor uns ihre Seelenspiegel zu ihrem eigenen Verderben zerstört haben.

III

DIE DISKUSSION

> 'O frati', dissi, 'che per cento milia
> perigli siete giunti all'occidente,
> a questa tanto picciola vigilia
>
> de' vostri sensi, oh' è des rimanente,
> non vogliate negar l'esperienza,
> die retro al sol, del mondo senza gente.
>
> Considerate la vostra semenza:
> fatti non foste a viver come bruti,
> ma per sequir virtute e conoscenza.
>
>   Die Flamme des Ulysses zu Dante
>   Hölle XXVI, 12
>   Dante, Die göttliche Komödie

„O Brüder", sprach ich, „die zum fernen West ihr
Durch hunderttausend Fährlichkeiten dranget,
Verschmäht doch nicht die kurze Abendwache

Der Sinneskraft, die euch noch übrig bleibet,
Zu nützen, um — der Sonne folgend — Kunde
Vom menschenlosen Weltteil zu erlangen.

Bedenkt, welch edler Saat ihr seid entsprungen,
Erschaffen — nicht den Tieren gleich zu leben!
Erstrebet nur das Gute, erkennet Wahrheit!"

Frage:

Herr Vorsitzender, ich bin mit großem Interesse Oberst van der Posts Ausführungen gefolgt, doch muß ich gestehen, daß mir manches noch unklar geblieben ist. Ich meine jenen Teil seiner Rede, wo er sagt, daß die Unruhe in Afrika in erster Linie eine Unruhe ist, die sich auf das Wesen der Zeit bezieht. Was er aber damit meint, weiß ich wirklich nicht. Die Auffassung von der Zeit als einer anderen Dimension ist uns natürlich nicht unbekannt. Auch die unter uns, die nicht Physiker oder Mathematiker sind, können sie sich als solche vorstellen, dann jedoch als eine unpersönliche Größe. Aber der Redner hat so von der Zeit gesprochen, als besäße sie ein eigenes Wesen. Deshalb möchte ich ihn bitten, mehr darüber zu sagen, sonst würde es schwerfallen zu verstehen, welchen praktisch brauchbaren Beitrag diese ziemlich vage Vorstellung leisten kann, um jenes so fesselnde und dringend einer Lösung harrende Problem, das er hier umrissen hat, zu begreifen.

Antwort:

Ich würde auf diese Frage gern eine breitere, ausführlichere Antwort geben, doch tiefer läßt sich meine Auffassung davon kaum führen. Es mag sein, daß irgendwo in einer olympischen Abstraktion vom Leben „Zeit" eine völlig leere Größe darstellt. Doch ich persönlich fasse die Zeit als eine Dimension auf, die sich hier in unserer Erdenwelt offenbart, als Zeit, die das Leben mit Inhalt erfüllt. In diesem Sinn kann ich

Ihnen wohl sagen, was es mir selbst bedeutet – in der Hoffnung, daß dabei eine Saite in Ihnen anklingt, die auch für Sie sinnvoll ist. Aber diese Idee von der Zeit, die mehr ist als ein „Wann", ist weder meine Erfindung, noch überhaupt neu. Wir Menschen des Westens mit unserer ständigen Konzentration auf die sichtbare, äußere Welt sind wie besessen von der Vorstellung, daß die Zeit ohne unser Zutun in unserer Umwelt schafft und wirkt; wir betrachten Zeit eigentlich nur als ein Maß. Andere Epochen und andere Kulturen haben jedoch zu diesem Phänomen einen anderen Zugang. Zum Beispiel lese ich soeben ein chinesisches Buch, eins der ältesten Bücher der Welt; seine Bildzeichen, die uns ihren Sinn vermitteln wollen, sind die ältesten, die man in China kennt, und entspringen, warm und lebendig, dem Geiste der Menschen aus legendärer Urzeit. Beim Lesen dieses Buches wurde mir klar, daß in den schöpferischsten Perioden der geschichtlichen Entwicklung Chinas die „Zeit" niemals für eine leere, nur einseitige Kategorie gehalten wurde. Die Chinesen sahen in der Zeit ein vitales Element des Lebens selbst, gleich der Luft, die uns umgibt und uns unsichtbar bleibt, ohne die wir aber nicht leben können. Sie achteten auf die Wirkung des Zeitenwesens nicht bloß in der Außenwelt, sondern auch tief in ihrer eigenen Seele. Als Ergebnis ihrer Beobachtungen kamen sie zu der Überzeugung, daß Zeit jedem einzelnen bestimmten Augenblick etwas

Einmaliges, Unwiederholbares hinzufügt, und daß viele den Menschen zustoßende Unglücksfälle durch Unkenntnis der Grundgesetze dieses Elements hervorgerufen werden. Sie glaubten, daß alles Leben im selben Moment unwissentlich an denselben Zeichen der Zeit teilhat und seiner verschiedenen Beschaffenheit entsprechend davon beeinflußt wird. Deshalb waren sie nicht so sehr an einer mechanischen Abfolge der Ereignisse interessiert, sondern vielmehr an den sich abrundenden Qualitäten und den Übereinstimmungen mit der augenblicklichen Wirklichkeit. Zusammentreffen oder Zufall war für sie nie sinnlos, sondern Manifestation eines dem Zeitenwesen innewohnenden Gesetzes, dessen Auswirkungen sie in einer Weise wahrnehmen konnten, die uns Menschenmaß zu überschreiten scheint. Die chinesischen Wissenschaftler der alten Vergangenheit waren sich ihres Fingerspitzengefühls für diese innere Dimension so sicher, daß sie durch Tausende von Jahren hindurch eine Methode erprobten, die auf der Beobachtung der Wirkungen von Gelegenheit und Umstand im Leben des einzelnen Menschen basierte. Mit dieser Methode sollten die Beziehungen zwischen einem bestimmten Moment des einzelnen Menschenlebens und dem größeren Zeitmoment, der dieses Leben umschließt, festgestellt werden. Bevor ich die tiefgründige chinesische Anschauung entdeckt hatte, nannte ich diesen Prozeß „das große Zusammenwirken des Lebens".

Von dieser Betrachtung ausgehend, möchte ich Ihre Aufmerksamkeit auf das lenken, was an jener afrikanischen Unruhe universal, weltumspannend ist. Wie das chinesische Orakel muß auch ich darauf hinweisen, daß die Ereignisse der Unruhe nicht leerer Zufall sind, sondern, im Gegenteil, ein grundlegendes Element in den Auswirkungen der noch unentdeckten Gesetze unserer Epoche. In diesem Sinne ist der Konflikt, von dem ich sprach, eine Unruhe des Zeitenwesens.

Das bringt mich zum zweiten Teil Ihrer Frage, nämlich: welche praktische Bedeutung kommt denn dieser ‚ziemlich vagen Vorstellung' zu? Ich bin keineswegs der Meinung, daß diese Idee wirklich so vage ist, wie manche annehmen. Vage erscheint sie nur dann, wenn man lediglich mit dem Verstand und der äußeren Sinneswahrnehmung diese Dinge untersucht, denn solche Instrumente reichen einfach für jene Aufgabe nicht aus. Doch es gibt in der Totalität des menschlichen Geistes noch andere, nicht minder gültige Untersuchungsmöglichkeiten, die uns bestätigen, daß es von immenser innerer Bedeutung ist, die Unruhe Afrikas in dieser Weise zu betrachten – und dabei ergeben sich sogar wichtige Konsequenzen für die Praxis. Denn wenn es so ist, daß diese Unruhe dem Zeitgeist angehört, dann sind wir dadurch, wenigstens teilweise, von einer unerhörten Verantwortungslast befreit. Es würde bedeuten, daß dieses furchtbare Problem nicht für uns allein geschaffen worden ist, wir erleben, was der Dichter uns sagt: „Die Ängste unseres stolzen, zornerfüllten Staubes sind von Ewigkeit her und werden nicht vergehen." In dieser Sicht heißt das: im Zeitgeist hat das Problem seinen Ursprung, dieses Zeitenwesen allein kann und wird es lösen. Wir sind also nicht verloren; wenn wir unsere Aufgabe erfüllen und auf die Sekunden achten, werden die Jahre schon für sich selber sorgen. Denn Zeit ist nicht nur ein „Wann" und ein „Was", sondern auch ein „Wie". Jeder Landwirt weiß, daß er wohl Tag und Stunde bestimmen kann, wann er den Stier an die Kuh heranbringt. Zwischen der Empfängnis und der Geburt des Kalbes gibt es aber ein „Wie" der Zeit, eine feste Proportion, die beachtet und respektiert werden muß; der Landwirt kann sie von sich aus nicht ändern. Jedoch, so simpel es ist, gerade dieser Aspekt der „Zeit" wird in den Angelegenheiten des Menschen oft ignoriert. Wir ruinieren ständig die guten Absichten unseres Schicksals, indem wir es unterlassen, mit dem lebendigen, organischen Zeit-Element zu rechnen, das diesen Schicksalsintentionen innewohnt. Wir wollen sofortige, aber unmögliche Lösungen forcieren. Was erst morgen geboren werden kann, wollen wir heute schon proklamieren. Der internationale Schauplatz ist voll von auffallenden Beispielen von Mißerfolgen, dadurch verursacht, daß man dem Akteur „Zeit" versagte, seine legitime Rolle in Ratsversammlungen oder Gerichtsentscheidungen auszuspielen. Statt dessen sollten nette, wohlgelungene kleine Kälber, nicht in zehn Monaten, sondern schon in zehn Wochen produziert werden; bei diesem Prozeß ergaben sich nur leider immer wieder Aborte.

Ein Beispiel aus Afrika sei noch erwähnt. Meine Landsleute in Südafrika sind gegenwärtig damit beschäftigt, die Form ihres Staates und seiner Gesellschaftsordnung in voller Absicht schon für die kommenden Jahrhunderte festzulegen. Sie versuchen, gesetzlich zu fixieren, welchen Raum der Schwarze in ihrer Gesellschaft einnehmen darf, damit eine „unbefleckte" soziale Schicht von Weißen in den nächsten tausend Jahren und länger bestehen bleibt. Sie maßen sich damit einen viel zu hohen Wirkungsbereich an, der nur jenem erhabenen Zeitenwesen zusteht. Überließen sie diesen Rang der Zeit, wie er ihr tatsächlich gebührt, so würden – davon bin ich überzeugt – schon lange vor Ablauf der tausend Jahre die Ursachen verschwunden sein, aus denen heraus sie heute die schwarze Haut so abstoßend empfinden. Doch sie wollen ja das Wesen der Zeit gar nicht verstehen, ihm nicht vertrauen. Indem sie ständig dagegen angehen, zwingen sie das Unheil jäh herab, das sie gerade fernhalten wollen.

Es gibt sogar noch einen anderen Gesichtspunkt, von dem aus das Zeit-Element eine vielleicht noch größere praktische Bedeutung hat – denn „Zeit" ist einzig und allein ein Weg des Geistes. Sie ist die lange

Straße, auf der die Sonne am Morgen ihren Lauf beginnt, auf der der Lichtschimmer eines vor Millionen von Lichtjahren zertrümmerten Sternes die ermüdete, weitgewanderte Seele in nächtlicher Todesstunde mit sich hinübernimmt. Zeit ist der Wüstenpfad, auf dem die Ankündigung kommender Sinngebung die erschöpfte Menschheitskarawane einholt, wie ein Fremder, der seine Hände am flackernden Feuer wärmen möchte. Zeit ist das weite Feld, auf dem alles Unbewußte im Menschengeist zur Bewußtheit sich wandelt. Vor allem ist Zeit der Rhythmus, ohne den keine Musik im Herzen erklingt. Zeit ist der Wille der Seele zu leben und ein Ganzes zu sein.

Das ist kein Mystizismus. Es ist die Art der Sprache, zu der man gezwungen wird, wenn man mit der Wahrnehmung an das ewige Mysterium des Lebens stößt. Zeit ist eine Ausdrucksform des Mysteriums überhaupt ... denn im tiefsten Kern ist das Leben unaussprechlich geheimnisvoll und enthüllt sich daher nur liebevollem Glauben und Vertrauen. Ohne diese uneingeschränkte Bejahung des Wunders ist unser Bewußtsein des realen Lebensgrundes beraubt und neigt dazu, in seinen Forderungen maßlos und arrogant zu werden. Ohne ein Gefühl für das Wunder können wir nicht Mensch sein, denn es ist ein Teil unseres vollen Wesens, es macht uns demütig und gibt unserem Geiste Halt. Eines der schädlichsten Nebenprodukte einer übertriebenen einseitigen Konzentration auf die naturwissenschaftliche Forschung der letzten Jahrhunderte war die Tendenz, das Gefühl für das Mysterium des Lebens auszumerzen und alle Empfindungen, die außerhalb der Reichweite unserer Sinneswahrnehmung liegen, verächtlich zu machen. Diese Entwicklung wurde beschleunigt, als die Kultur des Westens immer ausschließlicher eine Großstadt-Zivilisation wurde und die Eroberungen des Menschen in der materiellen Welt die Entfremdung zwischen ihm und den Schöpferkräften vertieften. So lockerten sich die natürlichen Kontakte des Menschen mit den großen Mysterien immer mehr. Niemals werde ich die erste Nacht des letzten Krieges vergessen. Zum erstenmal war allgemein verdunkelt; als ich die Regent-Street hinunterging, hörte ich plötzlich, wie überall um mich herum die Menschen ausriefen: „Sieh doch die Sterne, sind sie nicht wundervoll!" – und ich begriff in diesem Moment, daß Tausende von Menschen noch nie vorher die Nacht nackt und ohne Scham in die Ruhe, in das Erfülltsein der Zeit hatten schreiten sehen.

Afrikaner haben bis heute diesen Kontakt mit dem Wunder nicht verloren, dessen Ausstrahlung auf ihr Wesen unermeßlich ist. Erst wenn man dies begreift, kann man sie verstehen und einsehen, welche Verletzung ihren Seelen durch die grausame Vergewaltigung zugefügt wird. Glücklicherweise entfernt sich die Wissenschaft unserer Gegenwart immer mehr von jenem bedrückenden Oberflächenbewußtsein des neunzehnten Jahrhunderts und bringt allmählich der Sphäre des Unbekannten Anerkennung und Achtung entgegen. In der Vergangenheit sahen die Astronomen das Mysterium in der Außenwelt wirken. Jetzt hingegen haben die Physiker herausgefunden, daß jene Materie, die unter ihren Füßen so solid und fest scheint, bei näherer Erforschung immer substanzloser, exzentrischer, mysteriöser und ‚gesetzloser' wird, bis sie sich schließlich im fernsten Feld ihres Elektronen-Mikroskops in dünnste Luft auflöst und nur das verbleibt, was in Prosperos Vision heißt: „ein Stoff, aus dem die Träume sind". Jene Korrespondenz zwischen der ‚Astronomie des Atoms' und der Astronomie unserer Sterne ist tatsächlich erstaunlich. Ich kann nur wiederholen, daß es wohltätig und heilsam ist, in unserer Seele das Organ für das Mysterium zu pflegen, zu beleben, seine Wirksamkeit in unsere spröden Kalkulationen neu einzubeziehen. Dann könnte der Mensch seine Würde zurückgewinnen und seine Leiden und Verwirrungen fänden einen Sinn. In diesem Zusammenhang fällt mir immer jene wundervolle Szene der Erlösung in der Lebenstragödie ‚König Lear' ein: Lears Prozeß ist endgültig verloren, und er und seine Tochter werden zum Gefängnis und zum Tode verurteilt. Man müßte meinen, daß er von seinem Unglück überwältigt ist, im Gegenteil – er wendet sich an Cordelia und sagt – und das ist das Überraschende –, sie beide würden nun wie die Vögel im Käfig singen und „das Mysterium der Dinge" auf sich nehmen, als seien sie die „Kundschafter Gottes". Könnten wir es nur erkennen – das sind wir wahrhaftig: Kundschafter Gottes, die der kommenden Sinngebung in einer großen Wildnis, die noch des Sinnes entbehrt, den Weg bahnen und in einem heroischen Werdegang das Mysterium aller Dinge auf sich nehmen. Jenes Sinnesorgan für das Mysterium ist das große Siegel dafür, daß wir dazu berufen sind. Es ist das eigentliche Unterscheidungsmerkmal, das unser Sein und Werden so von Grund auf prägt. Dieser Sinn für das Mysterium wirkt in uns, durch uns – auf den Zeitengeist.

*

Frage:

Ich bin die Witwe eines Missionars, der sein Leben dem Wirken unter den Schwarzen in Afrika geweiht hat. Zu meinem tiefen Bedauern kann ich mich des Eindrucks nicht erwehren, daß Sie dem, was Missionare für Afrika geleistet haben, nicht einmal Gerechtigkeit zuteil werden lassen. Sie deuteten an, daß alles, was sie getan haben, nur ein Nehmen und nie ein Geben war. Sie sprachen z. B. von der Mau-Mau-Bewegung als einem Kampf der Kikuyu für ihre Götter, um wenigstens einige ihrer alten Götter zu behalten und nicht alle zu verlieren. Sie sagten, wir hätten ihnen ihre Religion genommen und ihnen statt dessen keine echte achtbare Alternative gegeben. Das ist zweifellos eine furchtbare Verzerrung der Tatsachen. Wir haben ihnen doch unseren Gott an Stelle ihrer Götter dargeboten. Ist das denn nicht eine ehrenhafte Alternative? Wir gaben ihnen das Christentum an Stelle ihres Heidentums. Mir wurde erzählt, daß eines der bemerkenswertesten Ereignisse, die sich in Kenia abgespielt haben, der heroische Kampf ist, den schlecht bewaffnete und hoffnungslos preisgegebene christliche Kikuyus gegen die Mau-Mau führen. Die Wahrheit ist die, daß die Kikuyus nicht die Wahl hatten „zwischen keinem Gott und ihren Göttern", sondern zwischen unserem Glauben und ihrem Glauben. Die meisten von ihnen zogen es aber vor, zu den verwerflichsten der eigenen Glaubensvorstellungen zurückzukehren. Daher der Konflikt mit den Mau-Mau und der Aufruf zu empörenden Ritualmorden, die in Gegenden verübt wurden, wie im Basutoland, wo wir selbst gearbeitet hatten.

Antwort:

Ich bin sehr froh, daß Sie mir diese Fragen stellen. Lange hatte ich mit mir gekämpft, bis ich mich entschloß, das Mau-Mau-Problem hier zu erwähnen. Ich weiß, daß es ein gefährliches Beispiel ist, das äußerst leicht zu Mißdeutungen verführt, denn diese tragischen Geschehnisse haben so viel leidenschaftliche Emotionen aufgerührt, daß sich Mißverständnisse kaum vermeiden lassen. Trotzdem entschied ich mich dafür, da dieses Faktum nicht mehr übergangen werden darf, denn auch hier scheinen mir die ‚großen Imponderabilien', wie ich sie vorhin nannte, im allgemeinen nicht berücksichtigt worden zu sein. Es ist so leicht, auf die bestialischen, barbarischen Elemente zu zeigen, in denen dieses Phänomen nach außen tritt – aber wer sucht nach den verborgenen, zurückgedämmten und dennoch von Naturkräften empordrängenden Quellen, denen es entsprang?

Zunächst wollen wir uns über die Ebene einigen, auf der wir dieses Problem diskutieren. Es sei eine Ebene, auf der wir versuchen, die Dinge ihrem eigentlichen Wesen nach zu behandeln, d. h. ehe sie in die Emotionen übergegangen sind, zu denen sie uns aufreizen: ein Niveau, wo alle Bemühungen – jeglicher Voreingenommenheit und Beschuldigung enthoben – darauf konzentriert sind, die spezifische Natur und den gravierenden Ernst dieses Phänomens zu verstehen, das uns hier entgegentritt. Ich versichere Ihnen, daß ich von dieser Ebene aus weder absichtlich noch unabsichtlich auch nur die leiseste Kritik an dem üben wollte, was die Missionare in Afrika einst geschaffen haben. Die Situation ist schwer genug und darf nicht mit nachträglichen Anschuldigungen belastet werden. Einer der häufigsten Fehler bei unseren Beurteilungen heutzutage ist der Kunstgriff, Menschen und Ereignisse aus ihrer wirklichen, zeitlich gebundenen Abfolge der Dinge herauszuwinden. Einen Höhepunkt schmerzlicher Erfahrung und verhängnisvollen Unheils haben wir jetzt erreicht. Wir gleichen Zwergen, die auf den Schultern eines Riesen hocken; da ist es leicht, weiter voraus zu sehen als der Riese und die Vergangenheit zu kritisieren. In heutiger Zeit allerdings kann ich persönlich nicht mehr die Berechtigung einsehen, Missionsstationen zu errichten, ausschließlich um Menschen aufzufordern, von einem Glauben zum anderen überzuwechseln. Überzeugen könnte mich überhaupt nur eine solche Mission, die völlig freilassend eine Mission des Vorbildes ist. Doch was einstmals die Arbeit der Missionare Afrikas an Großem und Bleibendem schenkte, das kann natürlich nur blindes Vorurteil leugnen. Wäre ich zu Beginn des 19. Jahrhunderts geboren, wäre ich sicher ein ebenso glühender Fürsprecher der großen von England ausgehenden Missionsbewegung wie Dr. Philip selbst, bin ich doch sogar in der Ortschaft zur Welt gekommen, die seinen Namen trägt.

Bei der Erörterung der Missions-Bewegung in Afrika treffen wir wieder auf das Bild, von dem wir ausgingen, auf den Spiegel und die Widerspiegelung darin. Das Neue Testament, die unausschöpfliche Quelle innerer Wahrheit, gibt auch hierfür ein eindringliches Gleichnis unserer angeborenen Eigenschaft, den Spiegel mit seinen Spiegelbildern zu verwechseln. Christus warnte seine Jünger vor der Gefahr dieser Verwechslung, als er vom Splitter im Auge des Nächsten und vom Balken in unserem Auge sprach. Ein solches Gleichnis strahlt Perspektiven aus, denen man unbesorgt folgen kann. So möchte ich darauf hinweisen, daß oft der Splitter im Auge des Nächsten nur ein Spiegelbild vom Balken in unserem eigenen ist, ja, erst am Spiegelbild im Auge unseres Nächsten werden wir des Balkens in unserem eigenen Auge gewahr. Es gibt sogar einen Moment, wo die Verwechslung der beiden verzeihlich, fast unvermeidlich ist. So wirkt das Leben, so erzieht es uns. Es hält die physische Wirklichkeit im Spiegel vor uns hin, um uns beizubringen, erst einmal das Spiegelbild an sich wahrzunehmen, es dann aus allem Übrigen herauszulösen, zu unterscheiden und schließlich die moralische Konsequenz daraus zu ziehen. Die Verwechslung wird erst dann zur Schuld, wenn wir darauf bestehen, obwohl Erfahrung und wiederholte Katastrophen uns beweisen, wie verwerflich der vorhergegangene Weg war.

Nach diesem Umweg wollen wir das Problem nicht weiter in seinem Verhältnis zu dem einzelnen Fall verfolgen, sondern in seiner Verbindung zu dem Zeit-Ganzen; wir werden darin beides finden, das Ganze und den Teil, hier also die Missionsfrage.

Innerhalb dieses Gesamtkomplexes – so muß ich wiederholen – hat der primitive Afrikaner nur die Wahl zwischen seinen alten Glaubensvorstellungen und überhaupt keinem Glauben. Wir können dem

Afrikaner jeden Sonntag unseren Gottesdienst anbieten (wie uns selbst, die wir immer kleingläubiger werden) – in der Tiefe seines Herzens wird er nicht berührt. Er ist wie ein Kind; was seine Eltern nach außen bekennen, wirkt nicht auf ihn ein, nur was sie tun. Auf den Afrikaner von heute macht es immer weniger Eindruck, was wir in der Kirche predigen und im Parlament reden. Nur was wir tun, beeinflußt ihn. Er nimmt allein das Vorbild auf, das wir ihm geben. Zuweilen schließt er sich wohl irgendeinem christlichen Glaubensbekenntnis an, weil es im praktischen Leben bequemer ist, eine christliche Maske wie wir zu tragen. Er kommt aber sehr bald dahinter, daß zwischen dem, was wir sonntags in der Kirche bekennen und was wir sonst in der Woche tun, ein dunkler Abgrund klafft. Ist es denn, bei all dem, was um ihn herum vorgeht, erstaunlich, daß er so handelt? Selbstverständlich bin ich mir der vielen positiven, ja heroischen Ausnahmen bewußt. Sie erwähnten die Kikuyu-Christen, ich könnte Ihnen noch viele andere Beispiele nennen. Jetzt möchte ich nur dieses sagen: Prüfen Sie die Ausnahmefälle näher, so werden Sie finden, daß sie meist eine Antwort sind auf die Überzeugungskraft des Beispieles, das die starke Persönlichkeit eines einzelnen Missionars oder Geistlichen vorlebte, der selber in die Tat umsetzte, was er predigte. Nicht die Kirche, sondern der einzelne Mensch hat das Echo hervorgerufen.

Einer der gewinnendsten Wesenszüge meiner schwarzen Landsleute ist ihr Instinkt für echten Glauben und ihre Bereitschaft, starker Seelenkraft zu folgen – und wie willig lassen sie sich führen! Darum ist es so furchtbar, daß das, was wir ihnen im allgemeinen anbieten, ein Lippenchristentum ist, von recht zweifelhafter Verbindlichkeit, kaum mehr als eine moderne gesellschaftliche Konvention, die außerdem auf den Weißen zugeschnitten und dem Schwarzen nicht angemessen ist. Wir wissen leider weniger und weniger von der Geist-Gewalt, die einst durch den Christen wirkte. Mit uns entartet der Geist zu bloßem Intellekt, einem behenden, listigen Affen gleich, der uns für schlechte Taten gute Gründe besorgt. Wenn Ihnen das zu hart klingen sollte, so sehen Sie bitte, was in meiner Heimat geschieht. Es ist wahr, einige Kirchen bemühen sich, dem Europäer in Afrika durch Predigt und Lehre eine christliche Gesinnung beizubringen. Aber schon hat sich die größte christliche Kirche in Südafrika massiv hinter die Gesetzgebung gestellt, die die harten, scharfen Rassenvorurteile meiner Landsleute zu verewigen trachtet. Sie hat die Rassenvorurteile sogar in ihren eigenen Kirchenbrauch aufgenommen und hat verfügt, daß Weiße und Schwarze nicht unter einem Dach zu Gott beten dürfen. Ihre gelehrten Theologen führen sogar Bibelstellen an, um zu rechtfertigen, daß dem Afrikaner seine Grundrechte und Lebensmöglichkeiten auf so breiter Basis genommen werden; sie rechtfertigen also den Raub der Menschenwürde, die doch allen in gleichem Maße von Gott verliehen wurde. Nennen Sie *das* Christentum, wenn dem Afrikaner eine achtunggebietende ‚Alternative' verschlossen bleiben soll? Verwundert es Sie, daß es dem Afrikaner unmöglich scheint, wirklich Vertrauen und Verehrung einem solchen Glauben entgegenzubringen? Denn der Afrikaner vermag das Wehen des wahren Geistes vom Urbeginn auf seine archaische Weise voll zu empfinden. Er ist so erfüllt davon, daß er Geist überströmen läßt in die unbeseelten Dinge ringsum. Er ist so vom Geist beherrscht, daß er außerstande ist, der physischen Welt ihre eigene Gültigkeit zuzusprechen – und muß dafür bitter büßen. Nicht im Traum denkt er aber daran, seine von intuitiven Instinkten geleitete Seele zu verleugnen; dafür gibt es viele Zeugnisse in der Geschichte Afrikas, z. B. der fast vollzogene Selbstmord des ganzen Amaxosa-Stammes im vorigen Jahrhundert. Vor zwei Jahren erzählte ich diese Geschichte in ihren Einzelheiten; für jene, die mich damals nicht gehört hatten, fasse ich kurz zusammen. Ein Mädchen der Amaxosa hatte wie Jeanne d'Arc Stimmen gehört und einen sonderbaren, immer wiederkehrenden Traum geschaut. Der Medizinmann dieses Stammes erklärte gemäß seiner archaischen Glaubenswelt, das Mädchen sei wahrhaft inspiriert. Daraufhin töteten die Amaxosa alle ihre Rinder, Ziegen, Schafe, Hennen und Kücken, und zwar nur auf die eine Traumverheißung hin: wenn sie alle Lebewesen, die sie besitzen, vernichten, würden alle ihre Ahnen wieder zum Leben zurückkehren und ihnen helfen, die Weißen zu vertreiben, – ins Meer hinaus. Die Amaxosa führten diesen Befehl der unsichtbaren geistigen Welt gewissenhaft aus, denn sie vertrauten seinem Worte völlig, bis zum letzten vernichtenden Buchstaben. Kein christlicher Kreuzfahrer hat jemals auf dem Wege ins Heilige Land sein heiliges Gelübde getreulicher befolgt, als die Amaxosa es taten. Natürlich erstand am festgesetzten Tag kein einziger Ahne, kein getöteter Stier wieder zum Leben, und der große Stamm der Amaxosa ging bei der einsetzenden Hungersnot fast restlos zugrunde. Diese Geschichte wird bis zum heutigen Tag immer wieder als Beispiel angeführt, welch ein leicht zu täuschendes, abergläubisches und rückständiges Pack die Afrikaner seien. Mir erscheint diese Geschichte stets als ein tief erschütterndes und beschämendes Bild dafür, wie groß Afrikas Not ist, einen wahrhaft lebendigen Glauben sein eigen zu nennen und wie stark seine Kräfte wären, einen solchen echten Glauben durch das Leben zu tragen. Nehmen Sie wirklich an, wir könnten solchen kraftvollen Seelen unsere ‚Alternative' anbieten? – wir mit unserem Gehirn-Christentum, mit unserer Scheinreligion, die erst durch Argumente gestützt werden muß, mit einem hartnäckigen entêté-Glauben, wie ihn die Franzosen fordern, wir, die wir immer weniger imstande sind, Denken und Moralität mit lebendigem Fühlen zu durchdringen, zu verwandeln?! Sie erwähnten die Ritualmorde im Basutoland. Ich hatte Ihnen seinerzeit einen solchen Ritualmord in allen Einzelheiten geschildert; einige der Leute, die an dem Mord teilgenommen hatten, waren Mitglieder der Missionskirche. Ich erzählte Ihnen, wie sie ihr schwarzes Opfer monatelang in einem ausgetrockneten Flußbett verborgen hielten, gleichsam angesichts des Kreuzes über der Kirche auf dem Hügel nebenan, ohne zu empfinden, wie widersinnig das war. Halten wir nicht auch unsere Religion in einem besonderen Sonntags-Kämmerchen für sich allein abgekapselt? Ich kann leider aus Zeitgründen nicht weitere Einzelheiten dieses eigenartigen Mordfalles beschreiben. Ich darf Sie daran erinnern, daß wir damals darin übereinstimmten, daß dieser Mord ein im archaischen Sinn bewußt sozialer Akt gewesen war, ausgeführt von Männern, die sich voll verantwortlich fühlten. Sie hatten die Tat auf sich genommen, weil sie ernsthaft glaubten, der Gemeinschaft eine Wohltat zu erweisen und sie von einer unerträglichen Angst zu befreien. Die Kirche auf dem Hügel hatte das nicht vermocht, folglich kehrten sie wieder zu dem Ritual zurück, das sie, wie sie mit Recht oder Unrecht glaubten, in der Vergangenheit sicher durch alle Gefahren geleitet hatte. Ich, für meine Person, finde es unmöglich, diese Dinge als bloßen Mord zu verurteilen. In der menschlichen Gesellschaft bedeutet eine Bestrafung, wie so oft, nur einen trägen Ausweg aus einer schwierigen Situation, im besten Falle eine halbe Maßnahme. Die Gesellschaft sollte vielmehr bedenken, in wie hohem Grade sie selbst am Verbrechen mitschuldig ist. Wie können wir uns moralisch gerechtfertigt fühlen, Menschen in Afrika für solche Akte zu strafen, zu hängen, solange wir selbst so wenig dazu beitragen, die Voraussetzungen und Umstände, die sie dazu treiben, zu ändern, die wir oft sogar selber verursacht haben. Unglücklicherweise lebt in allen Gesellschaftssystemen die Überzeugung, wenn ein Verbrechen seine Strafe gefunden hat, hat die Gesellschaft ihre Pflicht erfüllt. Dazu kann ich nur meine Ansicht wiederholen: Bringen wir dem Afrikaner unseren Glauben, ohne zugleich die Lebensform dafür zu schaffen, die dieser Glaube voraussetzt, dann heißt das, daß wir ihm überhaupt keinen Glauben darbieten. Ich betrachte die Mau-Mau und die Ritualmorde, von denen Sie sprachen, unter folgendem Gesichtspunkt: ich sehe darin ein Zeichen dafür, wie tief unser eigenes Versagen den Afrikaner selber schon durchdrungen hat; wir versagten vor der Aufgabe, dem aus seinem Gleichgewicht geworfenen, ‚displaced' Afrikaner neuen Halt mit unserer eigenen Lebensform zu geben. Ich betrachte Mau-Mau als einen Beweis dafür, daß es uns mißlungen ist, in den Afrikanern ein Gefühl der Zusammengehörigkeit, ein gemeinsames Lebensziel zu wecken; es ist ein Merkmal für die unerträglichen

Ängste, die unser Versagen in ihnen heraufbeschwor. In unserem Versagen erkenne ich die Wider-Spiegelung der Selbstzersetzung des europäischen Menschen, es ist gleichsam ein verzweifelter Schrei in höchster Not nach eigener Erneuerung, das Sehnen des verlorenen Wesens, sich wieder einzufügen in die lebendige Ganzheit.

*

Frage:

Wenn wir annehmen, daß wir dem Afrikaner keine achtungswürdige Alternative angeboten haben und daß sein eigener Weg, den er statt dessen gehen muß, der der Mau-Mau ist, wäre dann nicht die Mau-Mau-Bewegung durchaus berechtigt? Als ich Ihre Antwort auf die letzte Frage hörte, hatte ich das Gefühl, daß wir die Afrikaner um der Mau-Mau-Bewegung und der Ritual-Morde willen nicht gut verurteilen können. So betrachtet, wäre beides zu Recht geschehen und nicht zu vermeiden gewesen; wir dagegen hätten das Recht verwirkt, irgend etwas in dieser Sache zu unternehmen. War es das, was Sie meinten?

Antwort:

Nein, so meinte ich es nicht. Könnten wir doch eine Sprache entwickeln, in der das Wort „verurteilen" nicht vorkäme! Meiner Ansicht nach hat der moderne Europäer in Afrika nichts getan, was die Mau-Mau-Reaktion seitens der Afrikaner rechtfertigen könnte. Weit verbreitet ist die Meinung, der Europäer habe den Afrikanern nichts als Böses gebracht – das ist völlig falsch. Mit seinen Lastern hat er auch Tugenden gebracht, große und bleibende Werte. Selbst wenn der Europäer so schlecht wäre, wie manche es gern hinstellen, hätten die Afrikaner nicht das Recht, noch schlechter zu sein. Das von den Europäern in der Vergangenheit verübte Unrecht gibt der beleidigten Rasse nicht das moralische Recht, nun gerade die diskreditierte Ausdrucksform des Lebens zu übernehmen, die der Europäer längst abgelegt hat. Das würde eine gefährliche Trägheit und Flucht vor der eigenen Verantwortung innerhalb all der dringend notwendigen Bemühungen in der Gegenwart zur Folge haben. Das Hindernis liegt, wie ich glaube, in unserer kausal bedingten Anschauung vom Leben, in unserer einseitigen Vorstellung einer bloßen Linie, einer Kette von Ursache und Wirkung. Diese kausalistische Betrachtungsweise ist gefährlich eng und reicht nicht aus für die so bewegliche, lebendige Seele, die Geistesnatur des Menschen. Heutzutage läßt selbst die Physik immer mehr die kausal bedingte Erklärung der Phänomene im Stich, weil das Gesetz von Ursache und Wirkung sich nicht länger als Grundlage eignet, von der aus das exzentrische, „gesetzwidrige" Verhalten der Materie beschrieben werden kann. Selbst diese wissenschaftliche Disziplin muß die Tatsache konstatieren, daß im innersten Kern eines scheinbar soliden, feststehenden und unbeweglichen Körpers andere Elementarprozesse sich abspielen, die ihren eigenen, nicht voraussagbaren Weg gehen. Für Seele und Geist des Menschen wirkt sich diese Begrenztheit unserer bisherigen Anschauung noch viel fataler aus. Ursache und Wirkung sind für mich nur zwei Aspekte von etwas, was größer ist als jeder der beiden Faktoren, etwas, was das erste zu sich heranzieht und das zweite aus sich herausfließen läßt. Es sind zwei Endpunkte einer Größe, die ich das „Jetzt" des Seins nennen möchte. Die praktischen Konsequenzen einer solchen Anschauung auch in unserem täglichen Leben würden sehr weit reichen. Völlig logisch ergibt sich dabei diese ethische Maxime: wie groß das uns zugefügte Böse auch sein mag – von der Verantwortung für unsere Reaktion werden wir nicht befreit! Aktion und Reaktion sind für das, was sie beide bewirken, für das gemeinsame größere Ganze in gleicher Weise verantwortlich. Die Tat, die einer begeht, gibt dem andern nicht das Recht, sich als schuldlos zu betrachten. Das scheint mir die Erklärung für die Mahnung des Neuen Testamentes zu sein, „die andere Backe hinzuhalten". Ich konnte mich nie damit abfinden, diese Stelle sei so gemeint, daß der Mensch sich nicht gegen Mörder, Übeltäter und alle, die ihn in der physischen Welt mit physischer Gewalt angreifen, verteidigen dürfte. Auch bin ich nie der Ansicht gewesen, die Europäer und christlichen Kikuyus hätten sich nicht gegen die Mau-Mau wehren sollen. Christus, so glaube ich, benutzte ein in der sichtbaren Welt alltägliches Vorkommnis, um damit auf eine tiefer liegende unsichtbare Wahrheit zu weisen. Er sagte einer Welt, die vom Römer-Glauben an Macht und physische Gewalt besessen war, daß für den Menschen, der dem wahren Zeitgeist verbunden ist, der sich dieses „Jetzt" im Sein bewußt ist, das alttestamentliche Gesetz von Ursache und Wirkung, von Aktion und Reaktion, von Schlag um Schlag, Aug' um Auge, Zahn um Zahn usf. keine Gültigkeit mehr hat. Der wahrhaft freie Geist darf ein ihm zugefügtes Unrecht nicht mehr übelnehmen, mit Bösem vergelten, sondern muß es als einen unvermeidlichen Aspekt der Realität hinnehmen. Dann würde der Mensch davor bewahrt bleiben, den Streit auch in sein eigenes Herz und seinen Geist hineinzutragen, obwohl er gezwungen ist, für seine Selbsterhaltung in der physischen Welt zu kämpfen. Mit anderen Worten, zugefügtes Unrecht würde dann nicht zu sogenannten geistigen Prozessen, aus denen wieder neues Unrecht sich ergibt. Halten wir die andere Backe hin, dann bringen wir, um die erlittene Unbill zu ertragen, nicht die verletzte Seite unseres Wesens dar, sondern einen frischen, unverletzten, bisher noch nicht gezeigten Aspekt unseres Ichs.

Es ist sonderbar, daß es uns, die wir so bereitwillig die Naturgesetze der äußeren physischen Welt anerkennen, so schwer fällt, die Existenz ebenso tiefer und strenger Gesetze der inneren geistigen Welt einzusehen. Wir wissen, daß wir uns das Genick brechen würden, wenn wir das Naturgesetz der Schwerkraft außer acht lassen. Wenn wir im persönlichen Leben oder im Leben unseres Volkes eine Katastrophe nach der anderen erfahren, so liegt es eben daran, daß wir die Geistgesetze jener Welt mißachten, die unser inneres Wesen begründen; deshalb verlieren wir unsere Seele. Eines dieser geistigen Gesetze lautet „die andere Backe hinhalten"; doch wir ignorieren es weiterhin. Dieses Gesetz auf unseren hier besprochenen Fall bezogen, heißt, daß weder die Europäer noch die Mau-Mau berechtigt sind, aus dem Bösen, das sie einander zufügen oder zugefügt haben, eine geistige Basis für zukünftige Aktionen zu schaffen. Ehe nicht beide Seiten, Weiß und Schwarz, es lernen, ihre Situation auf diese neu-alte Weise zu sehen, ehe sie nicht anerkennen, daß sie beide die gleiche Verantwortung tragen, kann die Zukunft nichts anderes weben als eine andere trostlose Reihe im so verrufenen Muster des Unheils im Zusammenleben. Ich muß bekennen, daß ich dem Weißen für das Geschehen eine größere Verantwortung auferlege als dem Schwarzen, und zwar weil der Weiße über die aktive Ordnungskraft verfügt und von beiden der Bewußtere ist. Stets trifft den bewußteren Partner die Hauptlast der Verantwortung; damit will ich nicht sagen, daß meine schwarzen Landsleute von einer schweren und strengen Verpflichtung in dieser Sache entbunden wären.

Frage:

Ich hoffe, Sie werden nicht annehmen, ich unterschätze die von Ihnen aufgezeigten inneren Faktoren bei meiner Fragestellung. Doch kann ich nicht voll und ganz Ihrer Erklärung beistimmen, wie diese kritische Lage entstanden sei. Denn ich glaube nicht, daß die Hauptursache das ist, was Sie die einseitige Haltung des Europäers sich selbst gegenüber nennen. Es mag dazu beitragen; doch andere Faktoren scheinen mir ebenso bedeutsam zu sein. Vor allem der wirtschaftliche Faktor, z. B. die Tatsache, daß der Weiße an vielen Orten dem Afrikaner Land fortgenommen hat, so daß dieser nun oft nicht genügend besitzt und im Verhältnis dazu der Weiße zuviel. Es ist ferner eine Tatsache, daß der Schwarze eine leicht anzuzapfende Quelle billiger Arbeitskraft darstellt und daß seine Existenz dem Weißen die Möglichkeit gibt, einen weit höheren Lebensstandard aufrecht zu erhalten und in größerem Komfort zu leben, als er es in Europa könnte. Diese Faktoren haben doch auch eine große Bedeutung? Aber außer einer flüchtigen Erwähnung am Beginn Ihres Vortrages spielten sie bei Ihren weiteren Betrachtungen keine Rolle. Ich muß gestehen, daß ich dieses Außerachtlassen erstaunlich finde.

Antwort:

Man hat bei uns oft sonderbare Vorstellungen davon, was der sogenannte ‚höhere Lebensstandard' eigentlich ist. In einem gewissen Sinne hat der in der

Kalahari-Wüste lebende, so tief verachtete Buschmann einen höheren Lebensstandard als jeder von uns in diesem Saal. Ich hatte allerdings gehofft, verständlich zu machen, daß ich in meinem Vortrag die wirtschaftlichen Faktoren deshalb unerörtert ließ, weil sie im Grunde nicht erklären können, was in Afrika vor sich geht, wenn sie auch einiges aufhellen mögen. Damit behaupte ich natürlich nicht, die ökonomischen Schwierigkeiten spielten überhaupt keine Rolle. Das Agrarproblem der Kikuyus z. B. ist äußerst brennend. Die Situation dort ist in jeder Beziehung ungeheuer bedeutsam, allerdings auf einer Ebene, die der nicht entspricht, auf der wir heute das Thema behandeln. Wenn Sie sich über den allgemeinen Sachverhalt der wirtschaftlichen Seite der Ereignisse in Afrika unterrichten wollen, wird es Ihnen nicht schwerfallen, Ihr Informationsbedürfnis zu befriedigen, denn die Bibliotheken der Welt sind vollgestopft mit Büchern hervorragender Geistesgrößen, die diese Materie bearbeiten. Die wirtschaftlichen Faktoren bilden das Warenlager eines jeden Hausierers in Patent-Allheilmitteln gegen die Übel dieser Welt. Sie liefern uns die erste, unserem Verstand leicht eingehende Erklärung, die unsere Energien aber nicht so lange fehlleiten könnte, wenn ihre Wurzeln tatsächlich so tief hinabreichen würden, um sich mit den Realitäten des Seins fest zu verbinden. Es liegt mir nichts daran, diese Faktoren in Verruf zu bringen oder gar ihre Existenz zu bezweifeln. Ich möchte sie nur auf ihre richtigen Proportionen reduzieren. Für mich sind sie nicht die Grundursachen, darum bin ich hier bemüht, das aufzuzeigen, was ich für den Urgrund der afrikanischen Unruhe halte, die Hauptrichtung, in die alle anderen einmünden, das Zentrum, um das unsere düstere Zeitensphäre kreist.

Wenn Sie die Situation in Afrika nur vom wirtschaftlichen Standpunkt aus betrachten, werden Sie bald einer kahlen Wand gegenüberstehen. Wirtschaftlich gesehen, befindet sich der Afrikaner heute zweifellos in einer besseren Lage als jemals vorher. Sein Lebensunterhalt ist gesichert, die Wissenschaft des Westens hat seine Lebensdauer verlängert und die Bevölkerungszunahme erhöht. Westliche Vorsorge und Erkenntnis kommen ihm zu Hilfe bei Hungersnöten oder Epidemien, die ihn bisher vernichtend getroffen haben. Der Afrikaner verfügt über einen größeren Anteil an den materiellen Gütern dieser Welt als jemals und hat das, was man ‚einen höheren Lebensstandard' nennt. Gewiß, er besitzt weit weniger als der Europäer, doch ist die endgültig aufsteigende Tendenz seines Lebens, wirtschaftlich gesehen, unverkennbar. Wenn die Wirtschaft den Kern des Problems ausmachte, müßte er äußerst zufrieden sein. Wenn es wahr wäre, daß man Menschen nur dadurch glücklich machen kann, daß man ihnen mehr Geld in die Taschen steckt, müßte der Afrikaner sogar vor Glück jubeln. Doch Afrika ist in dieser Hinsicht nicht anders als Europa und die übrige Welt. Niemand von uns wird weder den gewaltigen materiellen Fortschritt der modernen Zeit, noch die vom Wohlfahrtsstaat gewährte Sicherheit leugnen. Doch welch riesigen Schatten wirft dieser Fortschritt und welch Paradoxon ist in dieser Sicherheit beschlossen? Denn wer kann heute die Tatsache übersehen, daß der Mensch der Gegenwart unter diesen Lebensbedingungen keinen zufriedenen Eindruck macht, er wird vielmehr widerspenstiger, und seine seelische und geistige Not vertieft sich von Tag zu Tag! Er scheint mit seinem persönlichen Dasein immer weniger im Einklang zu sein. Sein Tag mag äußerlich geordnet und gesichert dahinfließen, aber seine Imaginationskräfte, seine Seelenkräfte kennen in der Stille der Nacht, in dem geduldigen, alles aufsaugenden Schweigen unseres dunklen Urgrundes nur eine unruhvolle, ungestillte, von bösem Alp gepeinigte Rast.

Es erstaunt mich immer wieder, so vielen verdrängten Personen, ‚displaced persons‘, überall zu begegnen, wohin ich auch in der Welt komme. Ich meine hiermit nicht die im üblichen Sinne Verdrängten, die aus ihren Heimatländern verschleppt wurden, wie die Juden aus Nazi-Deutschland oder andere Menschen aus den Ländern hinter dem Eisernen Vorhang. Ich denke an diejenigen, die innerhalb ihrer eigenen heimatlichen Ordnungen verdrängt wurden,

d. h. sich entfremdet fühlen. Individualitäten, die empfinden, daß die Gemeinschaft, der sie angehören, nicht mehr mit ihren tiefsten Bedürfnissen übereinstimmt und immer weniger darstellt, was sie im eigentlichen Sinne sind. Das Gefühl der Unsicherheit und Sinnlosigkeit in einer Welt, die so ganz das eigene Werk ist, scheint im selben Verhältnis zu wachsen, wie die materielle Sicherheit und wirtschaftliche Selbstgefälligkeit zunimmt. Die Anstrengungen der Menschen, aus diesem rationalen, genormten, sozialen Rahmen auszubrechen, werden dementsprechend immer gewaltiger. Ich möchte nochmals betonen, daß ich hiermit nicht sagen will, diese Methode, das Leben zu meistern, die uns so offensichtliche Wohltaten beschert hat, sei falsch und unwichtig. Meine Ansicht ist nur, daß wir diese Seite überlasten, überdrehen und ihr Aufgaben übertragen, die ihr nicht zukommen. So erklärt die Wirtschaft nur wenig von der afrikanischen Unruhe. Sie ist nicht der erste Anlaß, sondern nur einer der Wege, auf dem das unsichtbare Wirkungsvermögen des Menschen sich zeigt; auch hier enthüllt sich, ob er die Gesetze seiner Seele einhält oder überschreitet.

Ein alter Jäger in Afrika, der schlichteste und weiseste Mann, der mir je begegnete, sagte mir einmal: „Der Unterschied zwischen einem Weißen und einem Schwarzen in Afrika ist der, daß der Weiße ‚hat' und der Schwarze ‚ist'." Hier haben Sie in nuce die Ursache der Unruhe, und zwar nicht nur in Afrika, sondern in der ganzen Welt – nämlich das Unvermögen zu begreifen, daß der Mensch ‚ist', bevor er ‚hat', daß ‚Besitz' kein Ersatz für ‚Sein' ist. Der größte Wirtschaftswissenschaftler unserer Zeit ist durch ein Buch, das er geschrieben hat, berühmt geworden, es trägt den Titel: „Die wirtschaftlichen Folgen des Friedensvertrages von Versailles". Das Buch, das heute geschrieben werden müßte, sollte heißen: „Die wirtschaftlichen Folgen der menschlichen Gesinnung". Denn die Überbetonung der Wirtschaft in unserer Werteskala ist mehr als jeder andere Faktor verantwortlich für all die furchtbaren Schläge, die wir in unseren Beziehungen zu asiatischen und afrikanischen Völkern hinnehmen mußten. Ich werde nie jenen von Trauer und Verbitterung erfüllten Moment nach dem Kriege vergessen, als die holländischen Residenten in Java zum erstenmal begriffen, daß die Parole der Indonesier, die Holländer mögen ihr Land, jene lieblichen, smaragdfarbenen Inseln des Ostens, verlassen, keine vorübergehende Gemütsaufwallung war; in diesem Augenblick sahen sie, daß ihr Imperium, das drittgrößte der Welt, über ihnen zusammenstürzte. Ich entsinne mich deutlich, wie der niederländische General Hoewerpeen sich zu mir wandte und sagte: „Ich kann es nicht verstehen! Sehen Sie doch, was wir alles für sie getan haben! Die Schulen und Krankenhäuser, die wir ihnen gaben! Vor hundert Jahren betrug die

Bevölkerung nur ein paar Millionen, heute zählt sie fast sechzig Millionen. Wir haben Malaria, Pest und Ruhr ausgerottet und ihnen ein blühendes, ausgeglichenes Wirtschaftsleben geschaffen. Ein jeder hat ausreichend zu essen. Wir haben eine ehrliche und tüchtige Verwaltung aufgebaut und haben innere Wirren und das Piratentum abgeschafft. Sehen Sie sich die Straßen, die Eisenbahnen, die Industrien an – und doch sollen wir gehen. Können Sie mir sagen, warum sie das wollen?" Und ich fühlte mich gezwungen, ihm zu antworten: „Ja, ich glaube, ich kann Ihnen den Grund nennen. Ich fürchte, weil Sie nie den richtigen Ausdruck in Ihrem Blick hatten, wenn Sie mit ihnen sprachen."

Das klingt vielleicht unpassend, doch denken Sie bitte einmal an das Licht, das aus dem Auge eines Menschen erstrahlt, wenn er auf ein anderes Menschenwesen schaut, das er liebt und das er achtet wie sich selbst. Und dann erinnern Sie sich bitte an den Ausdruck im Auge eines Durchschnittseuropäers, wenn er mit einem ‚Abkömmling niederer Art außerhalb des Gesetzes' zusammentrifft. Sie werden dann verstehen, was ich meine. Der Unterschied zwischen dieser und jener Art, Menschen anzuschauen, ist der Sprengstoff, der die Europäer heutzutage aus einem Lande nach dem anderen herausfliegen läßt.

Frage:

Herr Vorsitzender, ich bitte um Entschuldigung, aber ich muß protestieren. Eine so übertriebene und unmenschliche Vorstellung von der Rolle der Wirtschaft habe ich gar nicht. Ich versuchte nur vom Redner zu erfahren, welchen Beitrag die wirtschaftlichen Verhältnisse für die afrikanische Situation leisten, zumal in unserem so vorwiegend von der Wirtschaft bestimmten und in steigendem Maße industrialisierten Zeitalter. Beruht denn der Konflikt allein auf dem, was der Redner unsere wirtschaftliche Voreingenommenheit nennt?

Antwort:

Natürlich nicht. Ich dachte, ich hätte Ihnen das bereits erläutert. Die Antwort darauf findet man, so glaube ich, in unserer allgemeinen Einseitigkeit, dem übertriebenen Materialismus, in der groben Überbewertung der physischen Welt und in der Überschätzung dessen, was wir Menschen in der physischen Welt leisten. Diese Einseitigkeit ist das Produkt einer langen und sich ständig steigernden Entwicklung. An sich ist diese einseitig konzentrierte Haltung nicht allzu tadelnswert. Sie ist ja schließlich der von der Zeit gutgeheißene Weg, auf dem der Mensch – umgeben von den blinden Mächten der Natur, einem düsteren Wald – seinen Lebensunterhalt verdient und seinen Besitz vergrößert. Das Unheil beginnt, wenn dieser Prozeß zu weit vorgetrieben wird, denn dann tritt das Gesetz der sich verringernden Erträge in Kraft und bedroht die Integrität der menschlichen Seele. Die Aspekte des Menschenwesens, die durch die Bevorzugung eines einzelnen vernachlässigt wurden, stehen nun in wütender Rebellion gegen ihn auf. Um nicht von ihnen zerrissen zu werden, ist er gezwungen, diese Tendenz, der er doch soviel verdankt, aufzugeben; dabei verläßt er einen äußerst wertvollen Kurs. Einen solchen Entschluß zur Umkehr haben selten Individualitäten und niemals Nationen fertiggebracht, es sei denn mit Hilfe von Katastrophen. O, dieses Phänomen ist keineswegs neu! Der bevorzugte Aspekt ändert sich von Epoche zu Epoche, doch der Kreislauf dieser Art Exzesse, die immer weitere Exzesse hervorbringen und dann ihre eigene rachsüchtige Korrektur gebären, ist so alt wie das Leben selbst. Es ist ein immer wiederkehrendes Thema der griechischen Tragödien. Schon das chinesische Denken ist tief davon beeinflußt; die Chinesen glauben, daß alles im Leben früher oder später in sein Gegenteil umschlägt. ‚Um Mitternacht wird der Mittag geboren‘, besagt ein chinesisches Sprichwort. In allen Legenden und Mythen der Welt ist für den Menschen eine Warnung vor der Gefahr hineingelegt, einen Teil seines Wesens zum Schaden der Ganzheit seiner Persönlichkeit hemmungslos zu übersteigern.

Das wäre der Schlüssel für die Enträtselung des Symbols der einäugigen Riesen z. B., die so befrem-

dend durch die griechische und römische Mythenwelt
schreiten. Ich glaube nicht, daß ihre unheimliche Anwesenheit bedeuten soll, daß einst eine Rasse einäugiger Kolosse mit Siebenmeilenschritten über die
Erde stapfte und Gewitterwolken aus ihrem Haar
bürstete. Nur auf der elementarsten Stufe und wort-
wörtlich genommen können sie so aufgefaßt werden,
als verkörperten sie Menschen von riesenhaftem Wuchs
mit nur einem Auge in der Mitte der Stirn. Doch in
der ursprünglichen Sprache des Geistes, in den tiefer
lotenden Denkprozessen des Menschen geht es um
etwas anderes – etwas von geheimnisvollem Sinn: Der
Riese ist das Bild eines Menschen, der einen Teil seines
Wesens gröblich übersteigert hat. Nur ein einziges
Auge ist der Kreatur eingepflanzt als Zeichen, daß er
nicht über die zweifache Sicht verfügt, die die normal
entwickelte Menschenseele braucht, sondern nur den
einseitigen Ausblick in eine Welt der nach außen ge-
richteten Sinne. Die zwei Augen des Gegenwartsmenschen wirken nun aber ebenso, als fixierte nur ein
einziges Auge die äußere physische Welt; sie gestatten
ihm lediglich eine einseitige Sicht, sozusagen einen
Einbahn-Verkehr. Der Europäer vergißt ständig, den
nach außen starrenden Blick mit einem nach innen ge-
richteten, fragenden Schauen auszugleichen – und
darin liegt unsere große und wachsende Gefahr.

Aus der Urweisheit des Geistes wurde dieser tiefe
Sinn dem Menschen zuerst durch dramatische Gestal-

ten zugänglich gemacht. Der Riese und sein einziges Auge wurden wie ein Lichtbild auf den verdunkelten Schirm unseres Geistes projiziert, um unsere Aufmerksamkeit auf diese ständig wiederkehrende Gefahr zu lenken, die den Menschen während seiner eigenen Lebens-Odyssee bedroht. Aus der ehrenvollen Schlacht in der physischen Welt kehrt er zurück, der Erfüllung entgegen, die ihm einst schon verheißen war, als er noch auf dem Ich-Eiland lebte, das er dann in seiner Jugend verlassen hatte. Der Dichter William Blake veranschaulicht und bestätigt es in einer Weise, die unserer Gegenwart näher steht. Blake hatte eine einzigartig inspirierte Intuition von geistiger Realität. Nicht nur seine Dichtungen sind erfüllt von unbewußten Wahrheiten, auch viele seiner Bilder zeigen Gestalten von magischer Ausstrahlungskraft, jene mißachteten Titanen, die ungenutzten Energien des abgeirrten Wesens der modernen Menschen. In der ‚Vermählung von Himmel und Hölle' überrascht uns sein geradezu brennendes Bewußtwerden eines der beharrlichen Kulturprobleme aus der Welt ‚finsterer Teufelsmühlen'. Es ist ein Problem, das unentwirrbar mit der Situation, die wir heute diskutieren, verknüpft ist. Blake war einer der ersten, die den ‚einäugigen Riesen' der neuen Zeit brandmarkten, jenen Riesen, der seinen Kopf über den hellen Horizont erhob, über den eine neue Ära heraufziehen sollte, eine Ära, von der permanente Aufklärung und Vernunft erhofft wurde. Blakes intuitives Gewahrwerden der drohenden Gefahr war so exakt, so durchdringend scharf und zugleich in solcher Harmonie mit der schöpferischen Sprache des Geistes, daß er tatsächlich das Wort von der ‚ein-äugigen Sicht der Wissenschaft' schrieb. Leider habe ich heute Abend nicht die Zeit, um näher darauf einzugehen. Ich möchte nur betonen, daß das Zeitalter der einäugigen Riesen noch nicht vorbei ist. Wenn sie bisweilen aus einem Bereich unseres Seins verschwanden, erschienen sie bald darauf in einem anderen. Sie sind stets in uns und um uns. Deshalb verliert die Odysseus-Sage nie ihre Frische. Deshalb zittern wir auch bis zum heutigen Tage vor Furcht, wenn der Zyklop Odysseus und dessen Gefährten in seine Höhle wirft. Auch wir sind in einer Höhle eingeschlossen, und der einäugige Riese, den wir aus uns selbst und unserer Epoche geschaffen haben, droht uns mit Vernichtung. Obgleich unsere Höhle mit allerletztem Komfort, mit allen modernen Errungenschaften, Klima-Anlagen und blendend hellem elektrischem Licht ausgestattet ist, ist sie nichtsdestoweniger ein finsteres archaisches Gefängnis, in dem ein lebendiger Teil unseres Ichs eingesperrt ist. In dieser Höhle werden wir von einem hungrigen, tyrannischen, kannibalischen Riesen bewacht. Wie Odysseus und seine Gefährten so sind auch wir abgeschlossen von Sonne, Mond und Sternen und unserem unbemannten Schiff. Sein Kiel verlangt auf dem gelben

Ufersand knirschend nach Seefahrt, seine Segel flattern untätig im Wind. Es ist das Schiff, das uns von der fernen, gegenüberliegenden Küste der Außenwelt heimfahren könnte, damit wir die Ganzheit wiedergewinnen und uns mit jener Hälfte vereinigen, die wir auf dem Ich-Eiland zurückgelassen hatten, als wir sehr jung waren.

Wenn wir die allgemeine Zeiterscheinung auf das Besondere des hier behandelten Problems beziehen, möchte ich sagen: Der Europäer drang als einäugiger Riese in Afrika ein. Und schlimmer noch, er betrat den afrikanischen Boden zu einem Zeitpunkt, da er sich selbst in seinem Innern bereits bedroht fühlte. Diese Gefahr spürt er instinktiv und wendet nun verzweifelte Vorsichtsmaßnahmen dagegen an, leider in einer falschen Schicht der Realität. Auch er verwechselt die Widerspiegelung der Gefahr im Innern mit dem Spiegel draußen. Seine Furcht vor der Gefahr projiziert er auf den Schwarzen. Das archaische Wesen Afrikas und der Afrikaner, das auf so wunderbare Art erhalten geblieben ist, kommt seinem Irrtum noch besonders entgegen. Und so erscheinen dem Europäer viele Eigenschaften im Sozialleben der Eingeborenen seiner Umgebung wieder, die er aus seiner einäugigen Sicht im eigenen Innern verachtet und verwirft. Daher ist er in wachsender Verzweiflung bemüht, die Träger seiner Projektion in ihre Höhlen zurückzuwerfen und versucht mit Gesetzen, Verordnungen und wirtschaftlichen Einschränkungen ein neues ausbruchsicheres Gefängnis zu errichten. In diesem Gefängnis will er die naturnahe, urtümliche afrikanische Menschenwelt fest verschließen, denn er glaubt in seiner verhängnisvollen Naivität, daß er sich und seine einäugige Menschenart für ewige Zeiten dadurch schützen kann.

*

Frage:

Was Sie vorhin von den zwei Aspekten des Menschen gesagt haben, fand ich sehr interessant. Sie meinten, wir trügen alle einen ‚schwarzen Bruder' in uns, und als Sie von dem ‚dunklen, verworfenen Aspekt' in der Menschenseele sprachen, schlossen Sie den Schwarzen auch mit ein. Aber ist nicht gerade jener Aspekt, den der Schwarze in seiner eigenen Seele verschmäht, für ihn im Weißen, im Europäer, personifiziert? Wäre es daher nicht richtiger, beim Afrikaner vom ‚verachteten weißen Bruder in seinem Innern' zu sprechen?

Antwort:

Nein, auf keinen Fall! Wir müssen tiefer blicken. In der geheimen Bildsprache des menschlichen Geistes tritt der nicht gelebte, nicht zur Auswirkung gekommene Aspekt des Menschen immer warnend als ein dunkles Wesen auf. Das ist einer der Gründe, warum ich vorhin daran erinnerte, daß die Intuition eines Rousseau jenes alarmierende Feuerzeichen wahrnahm, das die weiße Sonne der reinen Vernunft in Frankreich am grellsten auflodern ließ. Er fühlte sich getrieben, diesem Mahnruf mit seinem Begriff des edlen „Wilden", eines edlen dunklen Wesens, neue Kraft zu verleihen als eine vernunftgemäße Forderung der ursprünglichen, naturhaften Seele des Menschen. Auch unter Ihren Dichtern werden Sie eine ähnliche Aufgeschlossenheit für diese so lang verleugnete Realität feststellen können. Ein weiteres Beispiel ist Gerard de Nerval. Seine Imaginationen waren tief eingetaucht in das Lebenselement des untergründigen dunklen Seins, wie das Meer das Lebenselement des Hummers blieb, auch wenn er das Tier am Bande durch die Straßen von Paris führte. Denken Sie an seine Dichtung von dem dunklen Helden „Le Prince d'Aquitane à la tour bolie". Denken Sie an die englische Übersetzung dieses Gedichtes von Andrew Lang und an die so bezeichnende Zeile darin: „... jener dunkle, enterbte, aller Ehren entkleidete Sohn Aquitaniens."

Auch bei Rimbaud finden Sie dasselbe intuitive Erfassen, das noch schärfer wurde, als seine Seele sich anschickte, die Rolläden herabzulassen, weil sein Genius von seinem Innersten Besitz ergriffen hatte. Noch bedeutsamer ist es aber, daß Rimbaud – nachdem er den bewußten Teil seines Wesens abgelegt hat – aus einer seltsamen inneren Logik heraus sich dem dunklen Erdteil zuwandte. Jene Dichter, die ich eben erwähnte, und viele andere haben auf die Vorstellungswelt, auf die Phantasiekräfte selbst der Rationalsten und Intellektuellsten unter uns eingewirkt, denn dieser Aspekt ist in uns allen, dunkel, unterdrückt, – aber kommt seine Zeit, bricht er überwältigend auf. Diese Warnungen riefen gegen Ende des achtzehnten und während des ganzen neunzehnten Jahrhunderts ein wachsendes Interesse für die dunklen Kinder dieser Welt hervor und führten zur Aufhebung der Sklaverei und zur großen Missionstätigkeit in Afrika. Nach Ihrer Frage habe ich den Eindruck, daß Sie wahrscheinlich einem tiefliegenden Irrtum zum Opfer gefallen sind, einem Irrtum, der die Beziehungen zwischen Schwarzen und Weißen so schwierig und schmerzlich gestaltet. Sie verwechseln zwei verschiedene Ebenen der Wirklichkeit miteinander. Weil der schwarze Afrikaner eine schwarze Haut hat, so meint man, sei er auch ein „schwarzes Wesen" – und umgekehrt sei der Weiße mit seiner weißen Haut ein weißes Wesen. Mit anderen Worten: Sie verwechseln „Farbe" im Sinne des ursprünglichen, ewigen Sprach-Geistes mit der bloßen buchstäblichen Bedeutung. Das ist genau dasselbe, was meine Landsleute in Süd-Afrika tun, bis zu einem gewissen Grade war es ein verzeihlicher Irrtum. Keineswegs aber empfindet der Schwarze in Afrika, daß er „schwarz" sei. Er fühlt sich ebenso mit „Weiß", mit Helle, erfüllt, wie wir es tun. Das weiße Strahlen der Ewigkeit fällt in ihn ein, sich färbend, dämpfend, wie das Licht in einen Dom aus vielfarbigem Glas, und erst der Tod vermag ihn, ein Gefäß des Lichtes, zu zerbrechen. „Schwarz" hat in der uralten Sprache der Seele genau dieselbe Bedeutung für ihn wie für uns, aber die Farbe der Haut eines Menschen ist nicht die Farbe seines Wesens. Wenn die Zulus von ihrem tragischen Tyrannen Chaka erzählen, sagen sie heute noch: „Aber ach! Er hatte ein schwarzes Herz", genau wie wir Europäer sagen würden. Einen guten Menschen nennen wir in übertragenem Sinne einen „hellen" Burschen mit einer „weißen" Weste. Beide, Europäer und Afrikaner machen instinktiv einen grundlegenden Unterschied zwischen äußerer und innerer „Weiße", zwischen äußerer und innerer „Schwärze". – Ein letztes Beispiel: Selten drehe ich heutzutage mein Radio an, ohne einen amerikanischen Sänger darüber klagen zu hören, daß er „blau" sei. Aber ich glaube bei diesem Wort doch keinen Augenblick daran, Amerika wäre ebenso wie von roten, auch von blauen Indianern bevölkert.

Eines der unheilvollsten Symptome des geradezu pathologischen Geisteszustandes meiner Landsleute ist, daß sie zur Zeit nicht mehr imstande sind, diesen einfachen und doch bedeutsamen Unterschied zu machen, wenn sie an ihre schwarzen Mitbürger denken. Sie sind von Angst erfüllt, selbst „schwarz" zu werden. Ich glaube, die Schwärze, die sie fürchten, ist nicht die Außen-Farbe der afrikanischen Haut, sondern vielmehr die innere Finsternis ihres eigenen Wesens. Könnten sie doch wenigstens gefühlsmäßig diese beiden Dimensionen der Farbe auseinanderhalten und einsehen, daß die Flutwelle der „Farbe", die Schwärze, die ihre Zivilisation bedroht, ja in ihrem eigenen Wesen emporsteigt! Dann würde das Farben-Vorurteil – davon bin ich überzeugt – bald seine Schärfe verlieren und alle damit verbundenen illusorischen Abwehr-Maßnahmen würden verschwinden.

Gleichzeitig muß ich aber zugeben, daß Sie auf ein höchst bedeutsames Problem gestoßen sind, als Sie vom „weißen Aspekt des Schwarzen" sprachen. Ich habe den Verdacht, daß es viele schwarze Afrikaner gibt, die von einer instinktiven Furcht befallen sind, im Innern „weiß" zu werden, und daß diese Furcht auch eine Rolle bei dem Problem spielt, das wir hier diskutieren. Ich vermute, daß die Furcht, „weiß" zu werden, bis zu einem gewissen Grade in uns allen vorhanden ist. Es ist die Furcht davor, bewußter zu werden, sich seiner selbst mehr bewußt zu werden; in dem Augenblick löst man sich von der Herde, löst sich aus einem Zusammenhang und muß nun für sich und die eigenen Handlungen eine größere Verantwortung tragen. Denn ein höherer Bewußtseinsgrad wird nicht ohne Anstrengung, Mühsal und tiefere Verpflichtung erreicht und kann nur durch ständiges Ringen darum erhalten bleiben. Wenn eine solche Furcht im modernen Zivilisationsmenschen lebt, und ich glaube, daß es so ist, so wirkt sie in primitiven Gemeinschaften noch viel heftiger.

Wir sind auf dem steilen Weg unseres Bewußtseins so weit hinaufgeschritten, daß wir vergessen haben, was uns die Reise kostet. Unsere vom Bewußtsein vollbrachten Leistungen liegen hinter uns wie eine Landschaft, die wir von den Zinnen einer mächtigen Festung überschauen. Wir erinnern uns nicht mehr der großen, nun überstandenen Gefahren, der Bedrohung, unsere Seele zu verlieren, wir denken nicht mehr daran, daß wir in das Vergessen untertauchen mußten, in das tiefste Dunkel jener Mächte, die uns zu diesem befestigten Ort geführt haben. Jetzt sehen wir nur den beschützten, zivilisierten Schauplatz glitzernd unter uns und vor uns liegen; die Szene ändert sich erst dann, wenn Krieg, wenn soziale oder individuelle Katastrophen plötzlich den Verteidigungsgürtel unseres Bewußtseins durchbrechen. – Der primitive Mensch jedoch ist noch nicht weiter gelangt als dicht an den Fuß des Hügels. Sein Leben bezieht seinen Sinn noch immer aus der Erinnerung an die unzugängliche Lagune des vorbewußten Seins. Von dem neuen Weg zu seinen Häuptern kennt er nur wenige Vorsprünge, die ihm im Kampf gegen die übermächtige Gefahr Vorteile gewähren könnten. Jeder, der ihn weiter auf diesen neuen Weg lockt, erregt seinen wildesten Widerstand und ruft in ihm gewaltsamste Verwirrung und Angst hervor. Das Auftauchen des Europäers mit seiner relativ fortgeschrittenen und scharf eingestellten Bewußtheit schürt unweigerlich innerhalb der afrikanischen Gemeinschaft diese Art des Konfliktes und der Furcht bis zu einem abnormen Grad.

Ich brauche Ihnen gegenüber nicht besonders zu betonen, wie stark Furcht und Verwirrung die Gedanken und den Alltag der primitiven Menschen unter solchen Umständen beherrschen können. Nur frage ich mich, in welchem Maße ein jeder von uns imstande ist, diese Gefühle, die den Afrikaner überwältigen, mit ihnen zu teilen. Wer es nicht selbst erlebt hat, was es heißt, in der absoluten Gewalt eines Volkes zu sein, das von seiner Kulturstufe aus die Werte des anderen verachtet und vernichtet, der kann nicht voll verstehen, welche Grausamkeiten, welche Verkrüppelungen des Geistes und der völligen Entehrung afrikanische Volksgruppen und andere im europäischen Sinn weniger fortgeschrittene Völker dauernd erleiden müssen, da sie zum Kampf mit uns gezwungen wurden. Als ich Kriegsgefangener der Japaner war, wurde ich der Herrschaft eines Volkes unterworfen, dessen Bewußtsein eine radikal andere Erkenntnisart hatte als mein Bewußtsein. Die Situation war der oben erwähnten ziemlich analog und hat zweifellos dazu beigetragen, daß ich die Probleme meiner schwarzen Landsleute besser verstehen lernte. Unsere Gefängniswärter sprachen unsere Sprache nicht, so daß sie nur selten ein Wort an uns richteten und auch dann nur mittels kläglich unzulänglicher Dolmetscher. Wir hatten keine Rechte, geschweige Privilegien, sondern vegetierten in absoluter Unsicherheit dahin. Selbst das Faktum, daß wir noch am Leben waren, wurde als ein beschämendes Argument gegen uns angesehen, sowohl als Beweis unserer Schuld und Strafbarkeit, wie als Beweis der beispiellosen Großmut unserer Feinde. Wozu wir uns bekannten, war im voraus schon verdammt, und zwar nicht, weil wir irgend etwas Bestimmtes getan hatten, sondern dafür allein, wofür sie uns in ihrer Vorstellung hielten. Niemand von uns wurde als ein Einzelwesen betrachtet, für unsere Beherrscher waren wir lediglich eine kollektive Realität. Und damals lernte ich etwas Sonderbares. Versuchte ich, einen japanischen Posten davon abzuhalten, einen meiner Kameraden für irgendwelchen unerheblichen, unbewußt begangenen Verstoß zu mißhandeln, meinte ich jedesmal einen eigenartigen, völlig ungewohnten Ausdruck im Gesicht und den Augen der gemarterten englischen, holländischen oder australischen Soldaten zu bemerken. Wo hatte ich doch diesen Ausdruck früher gesehen? Eines Tages fiel es mir ein. Ich begriff beschämt, daß dieser Ausdruck mir mein ganzes Leben hindurch gewohnt gewesen war; unzählige Male hatte ich ihn auf den Gesichtern schwarzer Afrikaner gesehen, wenn sie von einem weißen Dienstherrn verprügelt und mit Vorwürfen überschüttet wurden, oder wenn sie auf der Anklagebank saßen, einem Verhör unterworfen, von einem Recht gerichtet, das nicht das ihre war, in einer Sprache, die sie nicht verstanden. Ich begriff damals mit einem Gefühl der Bitterkeit im Herzen, daß der Schwarze in unserer Welt ein Gefangener ist und daß wir für ihn eine Art japanischer Gefängniswärter darstellen.

Ferner dürfen wir nicht vergessen, daß es in der Welt Rassen gab, die vom Erdboden verschwunden sind, und zwar nicht infolge von Kriegen, die wir gegen sie geführt hätten, sondern allein, weil schon der bloße Kontakt mit uns ihrer einfachen Natur-Seele mehr an Belastung zumutete, als sie vertragen konnten. Es ist fast so, als wirke eine hochentwickelte Bewußtheit wie eine unheilvolle radio-aktive Strahlung auf sie, wie ein sonderbares Glitzern, das den primitiven Menschen wie durch eine Hypnose seines Selbstbewußtseins beraubt, ihn sich selbst entfremden läßt, wodurch er logischerweise zu Grunde gehen muß. Wegen der Zeitknappheit kann ich nur ein einziges, sehr simples Beispiel aus meiner Erfahrung anführen, um Ihnen zu zeigen, wie leicht ein noch naturnaher Mensch durch den Kontakt mit anderen bewußteren Personen seines Ich-Gefühls beraubt, d. h. „entselbstet" werden kann – wenn ich das von Gerard

Manley Hopkins geprägte, sehr bezeichnende Wort gebrauchen darf.

Vor nicht allzu langer Zeit traf ich mitten in der Kalahari-Wüste eine Gruppe Buschmänner. Sie hatten noch nie vorher Weiße zu Gesicht bekommen, und als sie sich in unserem Lager unter meine Gefährten mischten, bemerkte ich eine sonderbare Tatsache: Die Buschmänner schienen wie unter einem Zwang alles nachzumachen, was wir taten. Wenn wir aufstanden, standen auch sie auf; wenn einer von uns eine Bewegung machte, bewegte sich der ihn beobachtende Buschmann auf dieselbe Weise; wenn einer von uns nur seinen Hut in die Stirn schob, hob der Buschmann ihm gegenüber die Hand an seinen Kopf und schob einen imaginären Hut in seine Stirn. Nun gehörte ein sehr distinguierter Herr zu uns, eine ausgezeichnet aussehende Persönlichkeit mit einem eindrucksvollen Kopf und einer natürlich würdevollen Haltung. Der Anführer der Buschmännergruppe schloß sich fröhlich gestimmt diesem Manne an, als wäre das sein selbstverständliches Recht. Aber bald ging eine erstaunliche Verwandlung mit diesem kleinen gelben Männlein vor sich. Ein merkwürdiger, fast einer Trance ähnelnder Ausdruck kam in sein Gesicht. Plötzlich, als der große Mann ihm eine Zigarette angeboten und selbst eine angezündet hatte, sah ich, wie der kleine Buschmann den großen Mann imitierte – er stieß den Rauch aus, wenn jener es tat, führte die

Zigarette, wie der andere, mit genau der gleichen Geste an den Mund, und bald identifizierte er sich so vollkommen mit dem weißen Mann, daß er über keine eigenen Bewegungen mehr zu verfügen schien. Auf eigenartige Weise war er zu einer Art Quintessenz des großen Mannes geworden und war fast ausgeprägter ein Europäer als der Europäer selber. Das ging eine Zeitlang so fort, doch dann begann der Buschmann gegen sich selbst anzukämpfen, wie unter einem Alptraum. Er blickte wild um sich, durchschnitt mit beiden, krampfhaft geschlossenen Händen die Luft zwischen sich und dem Europäer und brach auf diese Art die Verzauberung. Nachdem er begriffen hatte, was mit ihm geschehen war, fiel er erschöpft zu Boden und schüttelte sich vor Lachen. Ich bemerkte aber später, daß das Vertrauen, mit dem er sich dem Weißen angeschlossen hatte, verschwunden war; er streifte den magnetischen Mann nur mit angsterfüllten Seitenblicken und hielt sich in gebührendem Abstand von ihm entfernt.

Das ist ein Beispiel der psychischen Gefährdung, der Furcht des Primitiven in seiner harmlosesten, ja amüsanten Form. Dennoch dürfen wir nicht übersehen, wie ernstlich der eingeborene Afrikaner von dieser ganz realen Furcht beherrscht wird, seine Seele, die ihm allein zu eigen ist, zu verlieren. Daß wenigstens die beiden Extreme – hypnotische Paralysierung und Ausrottungskrieg – bisher vermieden worden sind, das kann wohl den Weißen wie den Schwarzen gutgeschrieben werden. Doch das heißt nicht etwa, daß es zwischen diesen beiden Extremen nicht auch entsetzliche Spannung oder Zusammenpressung gäbe, die b e i d e Seiten betroffen hätte. Eine der größten Illusionen des Europäers in Afrika ist die Meinung, er habe zwar die Schwarzen beeinflußt, aber die Schwarzen ihrerseits hätten auf ihn nicht den geringsten Einfluß ausgeübt. Der Weiße betrachtet sein Leben in Afrika vorwiegend als eine Art Einbahn-Verkehr, doch das ist falsch. Im Gegenteil, trotz all seiner Illusionen, gibt es ein heftiges Hin- und Her-Strömen nach beiden Richtungen. Alles, was geschehen ist, geschah, weil der Weiße bewußt verachtet, was Afrika zu geben hat. Afrika spendet seine dynamischen Gaben auf gefährliche, heimliche Weise, indem es sie gleichsam durch eine Hintertür in die Seele des Europäers hineinschmuggelt, – für den unbewußt Beschenkten als Nahrung der eigenen aufsässigen Natur tief im Innern. Die Anwesenheit des Naturhaften außen reizt das Naturhafte innen; das Primitive, Ursprüngliche, das die europäische Seele umgibt, weckt das Ursprüngliche in ihrer eigenen Tiefe auf. Der innere Konflikt verschärft sich, die Furcht vor der steigenden Flut des Dunkels wird mächtiger, und die zwei dämonischen Ängste – „schwarz" zu werden oder „weiß" zu werden – verschlimmern satanisch die Situation für beide Rassen. Ihre Ängste steigern sich gegenseitig, wuchern monströs empor; in gleicher Weise tragen sie in fanatischer, tödlicher Verhetzung zu ihrem gemeinsamen Verhängnis bei.

*

Frage:

Es fällt mir sehr schwer, Oberst van der Post zu folgen, wenn er den Terminus „Bewußtsein" gebraucht. Ich hielte es für wünschenswert, wenn er diesen Begriff, bevor er in der Diskussion fortfährt, näher erklärt. An vielen Stellen seiner Ausführungen scheint er den Schwarzen nicht nur mit unserem dunklen Ich, sondern auch mit unserem Unbewußten, ja sogar mit Bewußtlosigkeit gleichzusetzen. Daraus kann sich doch nur die eine Folgerung ergeben: Der Schwarze ist eines bewußten oder rationalen Denkens überhaupt unfähig.

Antwort:

Ihre Frage ist eine recht bemerkenswerte Illustration dazu, wie tief die Verwechslung der vom Spiegel reflektierten Bilder mit dem Spiegel selbst in uns allen sitzt. Denn dies scheint mir die Wurzel des Problems zu sein, das Ihrer Frage zugrunde liegt. Natürlich setze ich den Schwarzen nicht mit unserem eigenen Unbewußten oder irgendeiner Art Unterbewußtem gleich. Spreche ich von der Unbewußtheit des Primitiven, so tue ich das in relativem Sinne. Ich bin durchaus nicht der Meinung, er hätte kein klares Bewußtsein oder wäre zum rationalen Denken unfähig. Das zu behaupten, wäre ebenso unsinnig, wie auch unwahr: Einige der bewußtseinsstärksten Individualitäten mit feinster natürlicher Intelligenz, die mir in meinem Leben begegnet sind, waren schwarze Landsleute von mir. Spreche ich also vom Unbewußten der sogenannten Primitiven, so beziehe ich es auf die Allgemeinheit, die allerdings schon viele auffallende Ausnahmen zeigt; dennoch tue ich es, so unbefriedigend das auch sein mag. Aber ich weiß keine bessere Möglichkeit, den zweifellos bestehenden Unterschied zwischen eingeborenen und europäischen Gemeinschaften in Afrika zu beschreiben. Es ist nur eine graduelle Verschiedenheit, aber doch eine Verschiedenheit, die den Europäer veranlaßt, so bereitwillig im Schwarzen ein Symbol dafür zu sehen, was in seiner eigenen Europäer-Seele an Unbewußtem vorgeht. Ich wiederhole – nur ein Symbol! Denn ich setze den Schwarzen nicht dem Unbewußten des Europäers gleich, wie Sie mir vorwerfen. Damit möchte ich nur sagen, daß dieses Übermaß an Unbewußtem im Schwarzen und sein natürliches und organisches Verhalten ihn als einen lebendigen Spiegel erscheinen läßt, in dem der Weiße sein eigenes, von ihm verworfenes und verabscheutes, unterdrücktes naturhaftes Selbst widergespiegelt sieht. Gleich dem Pavian ist der Weiße nicht imstande, den Spiegel von dem widergespiegelten Bild seines eigenen Wesens zu unterscheiden. Bei diesem Vorgang belastet er den

Schwarzen mit dem verachteten und verheimlichten Aspekt seines eigenen Ichs. Doch den Schwarzen hindert das nicht, wie der Spiegel ein Wesen ureigener Gestalt, ureigenen Wertes zu sein. Ich kann es nicht genug betonen: Diese besondere Gestalt schließt Bewußtsein nicht aus. Im Gegenteil, da dieses Bewußtsein sich bei dem Schwarzen noch nicht von den Wurzeln eines vitalen Instinktes abgetrennt hat – wie im steigenden Maße beim Europäer in Afrika –, findet der Schwarze noch den Zugang zu gewaltigen Kraftquellen. Er ist mit der Verheißung einer großartigen Entfaltung begnadet.

*

Frage:

Als Kenner der Kolonialgeschichte fällt es mir besonders schwer, mit dem mitzukommen, was Oberst van der Post hier gesagt hat. Zweimal hob er die „Bereitschaft zu dienen" der Afrikaner hervor und erörterte, was er eine Periode der „Verdüsterung", eine Periode des ungewissen Daseins der Eingeborenen nennt. Nun, ich kann diese Dinge nicht in eine historische Sicht einordnen. Ich denke vielmehr an die Kriege mit Kaffern und Zulus, an Aufstände, gebrochene Verträge, Verrat, Unruhen und Streiks. Wenn er dann weitergeht und von dieser Periode der „Verdüsterung" so spricht, als hätte sie sich nicht schon beim ersten Zusammentreffen der Weißen und Schwarzen in ferner Vergangenheit ereignet, sondern erst jetzt zu seinen Lebzeiten, kann ich das nicht mit alledem, was ich aus der Geschichte weiß, in Übereinstimmung bringen.

Antwort:

Betrachtet man nur die Außenseite, haben Sie in gewissem Sinne natürlich recht. Auch damals, als der Weiße und der Schwarze zuerst in Afrika einander begegneten, gab es Verdruß und Unruhe. Ich habe das vorhin selbst bestätigt. Seitdem hat es immer Unruhen gegeben. Einige Kriege waren geführt worden, einige vereinzelte Aufstände waren zu verzeichnen und hin und wieder ein halb durchgeführter Streik, vor allem in Süd-Afrika, wo der Kontakt zwischen Schwarzen und Weißen schon am längsten besteht und wo das Bild am düstersten ist. Doch mit Verwunderung muß ich feststellen, wie gering und eigentlich nur oberflächlich die Unruhen selbst dort waren, und wie bald nach dem ersten entschlossenen Vorstoß der Weißen ins Innere des Landes Kriege und Aufstände von der Bildfläche verschwanden. Natürlich ist das wieder nur relativ und nicht absolut gemeint; aber wenn Sie die Geschichte Afrikas mit der Geschichte anderer Länder vergleichen, wenn Sie die Konflikte, die sich hier abspielten, mit dem vergleichen, was zwischen den Europäern und den Rothaut-Indianern in Amerika ausgetragen wurde, oder auch, für die gleiche Sache und zur gleichen Zeit, zwischen den Europäern in Europa selbst, dann sehen Sie sofort, wie geringfügig diese Angelegenheit in Afrika eigentlich war. Ich könnte, wie auch Sie sicherlich, viele unerfreuliche Ausnahmen von der allgemeinen Regel anführen. Doch meine geschichtlichen Studien und meine Kenntnis entsprechender Entwicklungen in anderen Teilen der Welt lassen mich immer wieder staunend einsehen, welche Bereitwilligkeit der Afrikaner am Anfang zeigte, den Europäer als seinen Herrn anzuerkennen und ihm zu folgen. Und wenn Sie sich über den Limpopo weiter nach Norden begeben und die Entwicklung der kleinen Vorposten der Mutterinsel England betrachten, kleine weiße Inseln mitten im großen schwarzen Kontinent, dann wird Maß und Art des freundlichen Empfanges sogar noch eindrucksvoller.

Erlauben Sie mir bitte noch ein weiteres Beispiel, um das zu erläutern, was ich meine. Während des Krieges bekam ich den Auftrag, eine mit Kriegsmaterial beladene Kamelkarawane auf einem wenig begangenen Pfad durch italienische Frontlinien nach Abessinien zu bringen. Meine Kameltreiber waren sudanesische Zivilisten. Sie waren in kleine Familien- und Dorfgruppen aufgeteilt, jede unter ihrem eigenen Anführer. Ich hatte den ganz entschiedenen Befehl, sie nicht auf den Kriegsschauplatz mitzunehmen, sondern, wenn wir das große abessinische Hochland erreicht hätten, sie sofort mit ihren Kamelen zurückzusenden. Dort, so hatte man mir versprochen, würde ich Maultiere und Maultierhirten vorfinden, die uns höher in das Bergland und in unser Operationsgebiet bringen würden. Doch als wir vor dem Hochland standen, waren dort weder Maultiere noch Treiber. Wir wurden dringendst an der Front gebraucht und hatten keine andere Wahl, als unseren Befehlen nicht zu gehorchen. Allerdings hatte ich keine Mittel, meine zivilen Kameltreiber zu zwingen, mich mit ihren Kamelen weiter zu begleiten. Ich konnte sie nur auffordern, mit mir den Weg fortzusetzen. Selbst mein Recht, sie zu überreden, war ausgelöscht, als ich sah wie krank sie waren. Sie drängten sich dicht an die Lagerfeuer; in ihren zerrissenen, nur für die heiße Wüste tauglichen Kitteln zitterten sie vor Kälte in der scharfen Hochlandluft. Dessen ungeachtet versammelte ich sie um mich und schilderte ihnen die Lage. Nie werde ich jenen alten Häuptling vergessen, der aus eigenem Antriebe mit eindringlicher Beredsamkeit zu den Versammelten sprach, so daß meine Bitte sofort positiv entschieden wurde. Er beendete seine Ansprache mit den Worten: „Effendi, wir haben mit dir einen weiten Weg zurückgelegt. Wir sind krank. Wir frieren, unsere Füße sind müde, und unsere Leiber sind mit wunden Stellen bedeckt. Ich bin älter als die anderen Männer hier, ich kann mich noch daran erinnern, wie es war, bevor die Regierung kam. Wenn die Regierung von uns verlangt, daß wir weiter mit dir gehen sollen, werden wir es tun."

„Bevor die Regierung kam" oder ähnliche Äußerungen, die ich in ganz Afrika immer wieder hörte, bezeichnen die Zeit vor der Ankunft der Europäer. — Ich könnte noch viele andere Beispiele aus meinen Lebenserfahrungen im afrikanischen Lande und aus der Geschichte meiner Familie anführen, doch mag die eben geschilderte Begebenheit für die anderen stehen. Gerade diese Stimmung der freundlichen Aufnahme, der Bereitwilligkeit des eingeborenen Afrikaners, gleich als der erste Kontaktfunke vom europäischen Eindringling auf ihn übersprang, läßt das, was wir heute in Afrika tun, so schimpflich und so rätselhaft erscheinen. Ja, so rätselhaft! Möchten wir uns doch darüber völlig klar werden. Denn Ihre Frage und die Art, wie Sie sie vorbrachten, zeigt wieder, wie einseitig die konventionelle Geschichtsbetrachtung des Afrika-Problems ist und wie unzulänglich ihre Schlußfolgerungen unsere gegenwärtige Situation zu erklären vermögen. Die von Ihnen angerufene Geschichtsschreibung löst weder das Rätsel, noch rechtfertigt sie die Schmach. Die Situation, wie ich sie sehe, ist zugleich vor wie jenseits der Historie. Es ist höchste Zeit, daß wir aus freiem Entschluß unsere Nabelschnur, die uns bei unseren Gedanken über das Afrika-Problem an die Vergangenheit bindet, durchschneiden. Sonst wird es sehr bald eine Katastrophe an unserer Stelle tun. Es ist an der Zeit, daß wir aufhören, die Historie zu Hilfe zu rufen;

entweder brauchen wir sie als Rechtfertigung unserer Flucht vor der unangenehmen Aufgabe, endlich einzusehen, daß allein wir selbst für die Gegenwart verantwortlich sind, oder wir suchen in der Geschichte einen Entschuldigungsgrund für die Missetaten, die wir unserem Nachbarn zufügten. Die Geschichte von Kriegen, Aufständen, gebrochenen Verträgen und Verrat dringt aber nicht bis zur Wurzel unserer Gegenwartsprobleme in Afrika vor. Wir müssen sie genauer und tiefer verfolgen; und ich hoffe, Sie wissen nun, worauf wir – meiner Meinung nach – unsere Blicke richten müssen.

Ferner fragten Sie mich, wie ich dazu komme, von einer „Verdüsterung", einem ungewissen Dasein der Eingeborenen zu sprechen, als wäre das etwas, was sich zu meinen Lebzeiten abspielt – während Ihre Geschichte Ihnen berichtet, daß es sich nicht so verhalten kann. Das müssen Sie mit Ihrer Geschichtsbetrachtung selbst abmachen. Ich kann bloß wiederholen: Ich habe so gesprochen, weil ich diese Epoche der „Verdüsterung", die auf ganz Afrika lastet, als meine eigene Erfahrung erlebt habe. Für mich ist es keine Angelegenheit der Historie, sondern aktuelle Lebenserfahrung. Ja, noch mehr, obgleich sich die Zeiten geändert haben und sich rasch in dieser Richtung weiter ändern, ist diese Epoche noch nicht vorüber. „Der Zeitpunkt der Unschuld", wie ich es an anderer Stelle genannt habe, ist noch nicht ganz und gar verflossen und vertan. Ich weiß, Sie werden es schwerlich glauben, wenn Sie gerade Ihre neueste Zeitung studieren. Kämen Sie mit mir in die ländlichen Gebiete Afrikas, fern von den wenigen Industrie-Anhäufungen, die wie Juwelen-Imitationen hier und da auf einem barbarischen Kupferdraht aufgereiht sind, der rund um den riesigen Körper Afrikas gewunden ist, – Sie würden staunen, wie viel vom Ursprünglichen trotz Ihrer Geschichte noch dort lebt. So habe ich kürzlich eine lange Reise durch Süd-, Zentral- und Ost-Afrika gemacht; überall richtete ich an meine schwarzen Landsleute die Frage, ob sie glaubten, daß jener Augenblick der Unschuld, d. h. jene Gelegenheit des Wiedergutmachens schon unwiderruflich vorbei sei. Viele bejahten meine Frage, doch sehr viel mehr sagten nein, sagten tatsächlich: „Noch ist es nicht zu spät, aber wir haben keine Zeit zu verlieren."

*

Frage:

Ich war stark davon beeindruckt, was Oberst van der Post über den Mythos und seinen Einfluß auf die Zeitereignisse gesagt hat, ebenfalls von dem Gedanken, daß die menschlichen Ideen nicht mehr zeitgemäß seien und der Vergangenheit verfallen sind. Er nannte die Mythos-Befangenheit der deutschen Vorstellungswelt ein düsteres Präludium vor dem Krieg. Könnte er vielleicht etwas mehr über diese Fragen sagen? Auch darüber, welche Mythologie heute in Afrika wirksam ist?

Antwort:

Darf ich zunächst klarstellen, daß ich mir nicht anmaße, als Historiker zu gelten. Was mich betrifft, so möchte ich noch bemerken, daß ich mit wahrem Hunger Geschichte studiert habe, einem Hunger – der aber bis zu diesem Tage ungestillt geblieben ist. Ich habe den Eindruck gewonnen, daß Historie alles beschreibt, über alles Rechenschaft ablegt, aber die verborgenen, tiefer liegenden Prozesse nicht beachtet. Obwohl gerade im innersten Kern der Zeitentwicklung etwas Unsichtbares gegenwärtig ist, eine Art außerirdischer Macht die Führung hat, nimmt sie der herkömmliche Geschichtsforscher gar nicht wahr. Ist es nicht so, als drängten sich auf einer undurchsichtigen Fläche die Begebenheiten wie schwarze Eisenspäne auf dem Experimentier-Tisch in einem physikalischen Forschungslaboratorium? Eine unsichtbare Kraft bewegt sich von Zeit zu Zeit wie ein Magnet unter diesem Feld, konzentriert und gruppiert die Metallteilchen zu lebendigen magnetischen Mustern. Der Historiker beschreibt getreulich, was sich auf der Oberfläche des Tisches abspielt, doch von dem, was unterhalb der Tischfläche wirkt, nimmt er oft überhaupt keine Notiz. So gibt es in der gewissenhaft berichteten Geschichte meiner eigenen Heimat Südafrika Ereignisse, die zwar hervorragend beschrieben, aber niemals ihrem Wesen nach erklärt worden sind. Da ist z. B. der sogenannte "Große Treck"*). Die Geschichte führt viele Ursachen an, die ihn bedingten. Selbst wenn keine einzige der aufgezählten Ursachen vorhanden gewesen wäre, hätte dieser "Große Treck" trotzdem stattgefunden – davon bin ich fest überzeugt –, denn er war lange bevor er in der sichtbaren Welt wirklich sich ereignete, in den Herzen meiner Landsleute als treibende Kraft aktiv und wirkt noch bis zum heutigen Tage in ihren Seelen fort. D'Annunzio warf der Wissenschaft seiner Zeit vor, daß sie sozusagen einen Leichnam als Objekt für ihre Beobachtung voraussetze. Auch die Geschichte setzt eine tote Vergangenheit voraus, und die Historiker verwechseln die tote Haut abgetaner Ereignisse, in die sich die Geschichte hüllt, mit dem lebendigen Geist, der sich daraus losgemacht hat und sich nun woanders regt. So lassen die Historiker gerade das Element außer acht, das der Geschichte ihr dynamisches Sein verleiht und sie zu einem "Jetzt" gestaltet. Schon früh in meinem Leben war ich mir jener unsichtbaren Kraft in der Geschichte meines Volkes bewußt, es schien ein sonderbares, traumhaftes Element im Leben derer zu sein, die mich umgaben, das sich fast zu einer alpdruckschweren Heimsuchung steigerte. Als ich älter wurde, bestätigte sich mir, daß nur jene Ge-

---

*) Zwischen 1830 bis 1840. Die großen Trecks führten zur Gründung der selbständigen Burenrepubliken Natal, Oranjefreistaat und Transvaal. (Anm. d. Übers.)

schichtsschreibung in meiner Heimat Gewicht und Bedeutung hatte, die nicht nur reine historische Tatsachen übermittelte, sondern sie in der inneren Vorstellung nachschuf und -gestaltete, gemäß den Gesetzen einer unerklärlichen inneren Notwendigkeit. Ich beobachtete, daß der Einfluß dieses unsichtbaren Faktors so mächtig wurde, ja, daß die Menschen sich genötigt fühlten, ihre schriftlich fixierten Traditionen zu verändern, um vor ihrem Bewußtsein das Verhalten zu rechtfertigen, zu dem jenes geheimnisvolle Element sie blind gezwungen hatte. Dieser Prozeß dauert auch heute noch an, er hat eine unleugbar tragische Seite. Doch wichtig ist nicht unser Bedauern darüber, sondern die Tatsache, daß dieser Prozeß die Existenz einer noch unerkannten geschichtsbildenden Dominante zu bestätigen scheint und ihre Macht dartut.

Was ist denn, genau gesagt, diese geschichtsbildende Dominante? Dazu kann ich Ihnen nur meine Gedanken sagen. Diese Dominante ist ein mythisches Ingrediens im innersten Kern von allem, was uns bewegt, eine mächtige, vom Mythos getragene Aktivität in der Seele des Menschen. Ich glaube, es ist das, was dem Menschen Sinn verleiht, nicht nur in der Vergangenheit, auch für die Zukunft. Es ist die Quintessenz des Vertrages, den der Mensch bei seinem Ursprung mit dem Leben schloß, der Sinngehalt seiner Magna Charta. Es ist die Kraft, die in seiner Seele die ferneren

Lebensziele der Zukunft bewahrt. Bejaht der Mensch in seinem bewußten Streben diese Zielsetzungen, so hebt die mythische Kraft seine Seele zu gewaltigen Höhen. Trennt er sich aber überheblich davon ab, weil ihm sein Alltags-Ich wichtiger ist, dann verwandelt sich dieser mythische Faktor in einen archaischen Zwang, der ihn unnachsichtig beherrscht und wie ein Riese eine ungeheure Macht über ihn ausübt. Es gibt ein altes arabisches Sprichwort: „Sag mir, was ein Mensch träumt, und ich sage dir, wer er ist." Ich möchte es folgendermaßen abwandeln: „Sag mir, wie der Mythos beschaffen ist, der in einem Volke lebt, und ich werde dir sagen, was dieses Volk ist und was aus ihm werden kann."

Sie erinnerten mich daran, daß ich den Mythos der Deutschen erwähnt habe. Ich tat es, weil ich glaube, daß uns Deutschland das überzeugendste Beispiel in unserer Generation dafür gegeben hat, was geschieht, wenn eine nicht erkannte, vom Mythos bedingte Aktivität ein Volk überwältigt und sein Unwesen mit ihm treibt. Gewiß, auch hier gibt es einen langen und komplizierten geschichtlichen Werdegang, der das deutsche Volk dazu geführt hat. Zusammenfassend möchte ich nur sagen: In der deutschen Seele gab es von jeher einen harten mythischen Kern, mit dem der Nationalcharakter noch nie fertig geworden ist, ein alter unbeachteter Rest in dieser Volksseele, der stets der Sublimierung getrotzt hatte. Während alle

Nachbarn Deutschlands sich nach klassischen und christlichen Formen, mit denen sie in lebendigen Kontakt gerieten, umgegossen und umgebildet hatten, blieb in der Tiefe der deutschen Seele ein archaischer Kern, der den Kräften, die auf ihn einwirken wollten, Widerstand leistete. Daß dieser Kern sich nicht veränderte, sich nicht auflöste, ist doch eine erstaunliche Tatsache. Als das Deutschland der Neuzeit Gestalt zu gewinnen begann, als das Kurfürstentum Brandenburg zum Königreich Preußen und Preußen zum Deutschen Reich wurde, als ein Außenposten der klassischen Kulturwelt jenseits des Rheins nach dem anderen in seine Gewalt fielen und Deutschland schließlich Macht gewann (von diesem Willen zur Macht war es insgeheim schon lange besessen), da strömte die unduldsame, vom Mythos vorwärtsgetriebene Energie, die sich seit Jahrhunderten in seinem alten und geheimen Widerstandszentrum angehäuft hatte, rasch und wild in jeden Winkel der „modernen" deutschen Seele.

Nehmen wir, um das Gesagte zu illustrieren, als Beispiel eine einzige Individualität und untersuchen wir den gesamten im Unbewußten sich abspielenden Konflikt, der durch das Medium der prophetischen Begabung eines genialen Mannes eine seltsame altneue Musik hervorbrachte. Ich weiß nicht, ob jemand von Ihnen sich jemals darüber klargeworden ist, von welch furchtbarer Vorbedeutung die Musik Richard

Wagners ist? Ich kann sie nie hören, ohne das Gefühl zu haben, mich bekreuzigen zu müssen. Für mich enthüllt sich der ganze Prozeß, von dem wir sprechen, in dieser alles überflutenden Musik. Hier wird nicht irgendein mythisches Thema frei gewählt und gestaltet zum Bewußtsein gebracht, ganz im Gegenteil: Hier wählt nach eigenem, uns Menschen verborgenem Willen ein Mythos seinen Komponisten und schleudert dessen musikalisches Genie auf und ab – eine Meeresdünung im Sturm. Hier ist nicht nur das Thema, sondern die Musik selbst der reine Mythos. Natürlich erkenne ich an, daß Wagner selbst heroische Anstrengungen gemacht hat, diesen nicht ausgelebten Konflikt in der Seele seiner Nation von sich aus zu überwinden. Denken Sie daran, daß es außer dem „Siegfried" und der „Götterdämmerung" auch einen „Lohengrin" und einen „Parsifal" gibt. Aber in seiner Musik spürt man stets den aufgewühlten lunaren Einfluß emporschwellender Fluten, die schnell ansteigen und an die schadhaften Deiche in der Seele des einzelnen Menschen schlagen. Es ist gleichsam große „Äquinoktial"-Musik, „Sturm"-Musik, und infolgedessen ist es vor allem Stammes-Musik – vielleicht die gewaltigste Stammes-Musik, die je geschaffen worden ist. Ich habe denselben Rhythmus auf den Trommeln Afrikas gehört und verspürte denselben suggestiven Zwang bei der afrikanischen Musik, die das Ritual unterstützt, um die letzten Widerstände im Menschen zu brechen und die unbedingte Unterwerfung des individuellen Ichs unter das undurchschaubare allgemeine Schicksal des Stammes zu erreichen. Und in Deutschland, nur eine Generation nach dem Tode Wagners, erlebten wir den zwingenden Beweis dafür, wie diese Macht, von der ich sprach, in unserem Innern arbeitet, bevor sie nach außen in Erscheinung tritt. „Ich gehe den Weg, den mir die Vorsehung vorgezeichnet hat, so sicher wie ein Schlafwandler", sagte Hitler in jenem Stadium der Entwicklung und beschrieb den nachtwandlerischen Zustand, unter dessen Alpdruck sie alle standen, viel buchstäblicher als er selbst oder die besessenen Millionen, die ihm Beifall klatschten, ahnten. Kein Parsifal erstand damals mehr in der Musik des deutschen Volkes, als es zum Schluß-Creszendo aufschwoll, was folgte, war nur die Dämmerung der Götter; auf der einen Seite des Abgrundes drängte sich die dem Untergang geweihte Menge, und auf der anderen Seite am Tor der Regenbogenbrücke sammelten sich die Mächte der Finsternis. Der Riß, der sich nicht mehr von selbst zu schließen vermochte, die gespaltene Seele, die nicht mehr den Bruch zwischen ihrem Ursprung und ihrer Bestimmung aus freiem Willen überwinden konnte, war nun den Händen jenes unerbittlichen „Heilers", der Katastrophe, ausgeliefert. Ich brauche Ihnen nicht im einzelnen zu belegen, wie der rückwärts gewandte deutsche Geist in den Jahren von 1914 bis 1939 weiter und weiter den jahrhundertalten

Zug in die Vergangenheit zurückverfolgte, wie ein Bluthund, der den Geruch der Blutspur verloren hat. Die humanistischen Werte des Individualitätsbewußtseins, das der Europäer mit so vielen schmerzlichen Opfern entwickelt hatte, wurde umgeworfen. Die unpersönlichen, unmenschlichen Herden-Begriffe rissen die Herrschaft an sich, und „Werte", die man für alle Zeiten geschmäht und abgelegt glaubte, wurden wieder eingesetzt, grau und senil vor Überalterung. In der Tat, Dinge geschahen damals in Europa, die es mir unmöglich machen, mich nun über das, was jetzt in Afrika vorgeht, besonders zu entsetzen, als gäbe es nur in Afrika Grauenvolles und sonst nicht in der Welt. Jedoch scheint mir jenes unaufgelöste mythische Element, das in den Nationen wie ein riesiger, aus dem Schlaf aufgestörter Vulkan wühlt, in Afrika besonders klar erkennbare Symptome aufzuweisen, die deshalb besonders erwähnt werden sollen. Einmal bestätigt sich wieder, daß Völker, die sich in einem solchen Zustand befinden, der vollen Verantwortung für ihre Haltung als einer zu großen und unbequemen Last ausweichen. Statt dessen verurteilen sie Fehler und Unzulänglichkeiten, die sie selber haben, an anderen. Man könnte ein solches Volk mit einem Menschen vergleichen, der eine unglückliche Kindheit verbracht hat und nun den Konflikt zwischen seinen Eltern als Entschuldigung seiner eigenen Charakterfehler vorschiebt, ohne zu verstehen, daß er nicht eher als ausgereifte Persönlichkeit gelten kann, bevor er den Elternkonflikt und seine ganze Vergangenheit als einen Teil seines eigenen Wesens und Charakters begriffen hat. Und ein anderes Kennzeichen: Völker, die einen undurchschauten Mythos mit sich herumtragen und als Lieblingsidee großziehen, sind davon überzeugt, daß sie unter Strafe der eigenen Vernichtung an das – wie sie glauben – überwältigende kosmische Geheimnis gebunden sind, und sie halten sich für etwas ganz Besonderes, als seien sie völlig verschieden von allen anderen Menschen. Ja, jenes Gefühl, ein lebenswichtiges Geheimnis ihr eigen zu nennen, wühlt in ihnen genau so, wie ein unaussprechbares Geheimnis in der Seele eines einzelnen Menschen arbeitet. Es isoliert sie auf verhängnisvolle Weise von den Mitmenschen, entzieht sie der heilenden instinktiven Kommunion mit der lebensvollen Gemeinschaft und verurteilt sie zu einer Art Exil, das um so verheerender wirkt, als es jeglichen Wunsch nach Rückkehr oder Vereinigung ausschließt. Solche unterernährten und hungrigen Nationen sind gefährlich – sowohl für sich selbst, wie für den Wohlgenährten, der des Nachts gut schläft. Infolge der tranceähnlichen, mediumartigen Konzentration auf ein bestimmtes Ziel, das ein Exil dieser Art ihrer Phantasie und ihrem Willen aufzwingt, gewinnen solche Völker eine furchtbare inhumane Macht über sich selbst und über andere. Ein solches mythisches Leitbild, das nicht der allgemeinen Entwicklung oder den Forderungen der Zeitepoche entspricht, bewirkt im Endeffekt, daß die betreffende Nation sich einbildet, das Schicksal habe sie für eine besondere Aufgabe auserwählt und eine höhere Sanktion gestatte ihr, sich von den anderen Nationen gänzlich abzuheben. Alle diese Elemente ergeben in ihrer primitiven *individuellen* Form den Mythos vom Helden oder Übermenschen, in ihrer primitiven *kollektiven* Form den Mythos einer höheren Rasse oder eines von Gott auserwählten Volkes.

Und hier komme ich wieder zurück zu Ihrer Frage: „Welcher Mythos herrscht zur Zeit in Afrika?" Ich möchte sagen, daß unter den vielen verschiedenen äußeren Formen, die man dort antrifft, eigentlich nur ein einziger Mythos wirklich die Vorherrschaft hat, der – sei es durch Zustimmung und Verteidigung, sei es durch Ablehnung oder Abänderung – doch irgendwie für alle das Modell geworden ist. Es ist der Mythos des Europäers in Afrika, und zwar genau derselbe Mythos, den Europa so erbittert bekämpft hat, um ihn zu vernichten und in Deutschland auszumerzen: den Mythos der höheren Rasse. Unter meinen Landsleuten, den Südafrikanern, gibt es solche, für die dieser Mythos bei weitem das übersteigt, was noch eine zivilisierte Bewertung der rassischen Überlegenheit genannt werden könnte. Aus untergründigen Schichten taucht er als der fanatische Mythos des von Gott auserwählten Volkes auf. Das erklärt auch die außerordentliche Sympathie, die viele Südafrikaner stets für Deutschland hegten, und warum ihre Vorstellungswelt sich immer stärker mit der deutschen Gedankenwelt der Vorkriegszeit befreundet hatte. Es gibt Historiker, die behaupten, daß mit dem Telegramm des letzten deutschen Kaisers an den Präsidenten Paul Krüger diese ganze Sache schon ihren Anfang genommen hätte. Oder es wird argumentiert, daß die Buren aus Haß und aus Furcht vor England dazu getrieben wurden, sich Deutschland zuzuwenden. Alle diese Momente haben ihre besondere Bedeutung, doch liegt ihnen noch etwas anderes zugrunde.

Ein Afrikaner, ein Bure, mit dieser Gesinnung spürt intuitiv, daß der Mythos, der das Vorkriegsdeutschland antrieb, so sicher „wie ein Schlafwandler" aufzutreten, jenem Mythos nicht unähnlich ist, der ihm dazu dient, Sinn und Zweck seiner Anwesenheit in Afrika zu festigen. Nur die nackte physische Macht fehlte ihm in Afrika, um sich ebenso unumschränkt und leidenschaftlich diesem Mythos einer höheren Rasse hinzugeben und so zu handeln, wie die Deutschen es in Europa getan haben. Nach den rationalen historischen Gegebenheiten hätte man genau das Entgegengesetzte erwarten müssen. Als Deutschland so brutal Holland im Kriege überwältigte, hätte man annehmen sollen, daß Abscheu und Empörung die holländischen Afrikaner erfaßt hätte. Im Gegenteil, die meisten wurden mit diesem schwer verdaulichen Faktum ohne Schwierigkeit fertig. Einige ihrer Führer gingen sogar so weit, die Meinung zu äußern, es geschehe ihrer alten Heimat ganz recht, da sie ja versucht hatte, sich dem Vormarsch jenes mächtigen neuen Deutschland in den Weg zu stellen!

Nein, eine so irrationale Reaktion kann nur erklärt werden, wenn man den irrationalen Faktor berücksichtigt. Ich glaube, daß sie wohl darauf zurückgeführt werden muß, daß eine Zeitlang in den Seelentiefen der beiden Völker derselbe Mythos lebte und daß einer im anderen jenen Urvogel, den Archaeopteryx, mit dem gleichen prähistorischen Gefieder erkannte. Daß das Land, das schließlich Deutschlands Vormarsch zum Stehen brachte, nun gerade das liberale England war, das so oft ihren Pfad in Afrika gekreuzt hatte, dieses äußere Faktum nahmen die burischen Afrikaner nur als Bestätigung der Richtigkeit ihres inneren Ausgangspunktes. Und als nach dem Kriege ihre Macht sich verstärkte, wurde die Ähnlichkeit mit dem Deutschland vor dem Kriege von Tag zu Tag deutlicher, nicht nur in ihrer Haltung, sondern auch in der wachsenden Vorliebe für Massenfeiern oder Riesenaufmärsche, ferner in einer sonderbar primitiven, fast mystischen Exaltation und Kampflust, die sie erfaßt, wenn sie als Horde auftreten. Fast noch auffallender ist die Parallelität mit dem Vorkriegsdeutschland im politischen Denken. In meiner Heimat werden jetzt auf dieselbe sture Art individuelle Rechte und Werte ausgelöscht, an ihre Stelle treten nun dieselben willkürlichen, kollektiven Standardmeinungen, wie es in Deutschland zwischen den zwei Weltkriegen geschah. Es ist die gleiche Umformung völkisch-rassischer Vorurteile in juristisch gefaßte Imperative, der gleiche wachsende Haß des weißhäutigen Ariers gegen die dunkelhäutigen nichtarischen Rassen. Die Parallelen lassen sich weiter ziehen: Es gibt keine Selbstkritik mehr, um so größer ist die Empfindlichkeit und Unduldsamkeit gegen die kritische Einstellung anderer, man ist genau so fest von seinem völkischen Sonderrecht überzeugt und fühlt sich ebenso rasch mißverstanden, der Staat wird maßlos überschätzt auf Kosten des Individuums, das Kollektivrecht wird über das Prinzip der Rechtssicherheit und die Belange des Einzelwesens gestellt.

Vor einiger Zeit weilte ich in einer der Universitätsstädte meines Heimatlandes, und während ich dort war, besuchte das Staatsoberhaupt die Stadt, um eine Ansprache an das Universitätskollegium und die Studentenschaft zu richten. Der Redner sprach lange, weitausholend und eindringlich über die Aufgabe einer wahren Universität, dem Staat mit allen Kräften und mit ganzem Herzen zu dienen. Als er geendet hatte, erntete er langanhaltenden ekstatischen Beifall, der mein Blut erstarren ließ, denn es war ein Ton, den ich noch nie vorher in meinem Lande gehört hatte.

Das letzte Mal hatte ich solch donnernden Massenbeifall auf einem Hitler-Parteitag in Nürnberg gehört. Nach dem Beifallssturm formierten sich die jungen Leute in gehorsam-automatischen Kolonnen und marschierten hinter vorangetragenen Standarten mit dem Porträt ihres prominenten Besuchers; darüber war die Parole angebracht: „Du führst – und die Jugend folgt!" Wie oft hatte ich dieselbe Szene in Deutschland gesehen! Ich dachte an Sir Edward Greys Ausspruch im August 1914: „Nun verlöschen in ganz Europa die Lichter." Ich dachte an mein Volk, wie es damals war und nun ist, nur vierzig Jahre später. Es schien mir nicht mehr dasselbe Volk zu sein. Ein altbewährtes Licht des Geistes nach dem anderen, das uns durch das Dunkel unserer heldenhaften Vergangenheit geleitet hatte, wurde auch in meinem Vaterlande ausgelöscht, wobei immer ein trefflicher Grund, ein hochsinniges Argument oder ein bewundernswerter, äußerst moralischer Plan herhalten mußte, um die Tat zu rechtfertigen.

*

Frage:

Sie sind also der Meinung, das, was heute in Afrika geschieht, ist allein dem deutschen Einfluß und seinem schlechten Beispiel zuzuschreiben?

Antwort:

Ich danke Ihnen für diese Frage, wir hätten uns sonst mißverstanden. Meine Antwort lautet: nein, ich bin nicht dieser Meinung. Ich glaube, daß das, was sich in Afrika abspielt, in einem besonderen Sinn völlig unabhängig ist von allem, was in Europa geschieht. Die Ähnlichkeiten, die ich zu umreißen versucht habe, sind zwar grundlegend. Verschiedenheiten sind aber auch vorhanden, zumindest ist eine von außerordentlicher Bedeutsamkeit. Das mythische Denkbild, von dem die deutsche Volksseele überwältigt wurde, war im wesentlichen heidnisch; doch der Mythos, der die Geschichte meines Landes beherrscht, ist der Mythos der von Gott auserwählten Rasse, wie er in der Heiligen Schrift offenbart ist. Dieser Mythos ist also nicht heidnischen Ursprungs. Er ist nicht von vornherein dazu verdammt, im völligen Dunkel enden zu müssen, wie der alte deutsche Mythos. Bedenken Sie, daß für Generationen die Bibel das einzige Buch war, das meine Landsleute lasen. Deshalb sogar waren viele von ihnen in Europa verfolgt und ins Exil nach Afrika vertrieben worden. In dem Buch der Bücher fanden sie Inspiration und Trost. Wie die Israeliten aus der ägyptischen Knechtschaft, so waren sie aus Europa gezogen und suchten nun ihr Gelobtes Land. Nur wer wie ich ihre Lebenskreise Tag für Tag miterlebt hat, kann ermessen, wie tief die Bilder des Alten Testamentes in ihre Seele eingebrannt waren und mit welcher Unbeirrbarkeit sie alle Erfahrungen, die ihnen Afrika zukommen ließ, als Bestätigung ansahen, daß ihr Leben mit der biblischen Geschichte übereinstimmte. Schon das erste Buch, das in der Burensprache geschrieben wurde, wollte den Beweis erbringen, daß der eigentliche Garten Eden im Herzen Afrikas lag. Bis zum heutigen Tage ist Afrika im Grunde ein Land des Alten Testamentes, das noch immer Tempel und Propheten, das einen David für den Goliath viel eher braucht als Parlamente, Politiker und Gewerkschaften. Damals schon, als meine Landsleute vor dreihundert Jahren das Land betraten, paßte Afrika zu ihrem alttestamentlichen Mythos wie ein gutsitzender Handschuh. Das ist der Grund dafür, daß der große Treck sich selbst dann ereignet hätte, wenn kein einziger der äußeren Anlässe aufgetaucht wäre, mit denen die Historiker sein Zustandekommen erklären wollen. Dieser eigenartige Mythos meiner Landsleute setzte ja gerade so eine Wanderung wie den Großen Treck voraus – die Wanderung durch eine riesige unbekannte Wildnis zu einem Land der Verheißung. Der Treck war eine notwendige, unvermeidliche Phase in der Entfaltung ihres Mythos. Wenn in heutiger Zeit dieser alttestamentliche Mythos einen gefährlichen Rückgang verursacht, so geschieht das, weil er immer noch an das Alte Testament gebunden blieb und Lehre und Vorbild des Neuen Testamentes nicht auf sich einwirken ließ; daher hat er sich innerlich nicht verwandeln können. Das bringt mich zu einem Punkt, den ich für sehr wichtig halte. Kein lebendiger Mythos kann auf einer bestimmten Stufe seiner Entwicklung festgehalten werden, ebenso schädlich würde es sein, eine absichtlich ausgewählte, eine bevorzugte Seite für allein gültig zu erklären. Das mythische Element gleicht einem beweglichen Finger, der einen Text schreibt, und wenn er ihn geschrieben hat, in seiner Vorwärtsbewegung nicht einhält. Wird er dabei gehemmt, kommt er zurück und schreibt den Text aufs neue auf die rauhe schwarze Wandtafel des Lebens, wobei er, gleichsam nach Schulschluß, noch einige Sonderlektionen an Katastrophen hinzufügt. Der Mythos wirkt in dieser Weise, weil er die große umfassende Vision vom Leben darstellt, ohne Verzerrung, ohne Furcht, ohne Vorliebe für irgendeinen Teil. Er hat die Vollmacht, diese Erscheinung in ihrer Größe zu zeigen, und den Willen, darauf zu dringen, daß das Leben in seiner Ganzheit gelebt wird. Das ist ein in ihm ruhendes Gesetz, dem sich das Leben, ohne sich selbst zu zerstören, nicht widersetzen darf und dem es ebenso unterworfen ist, wie die unbeseelte Materie dem Gesetz der Schwerkraft. Mir ist keine historische Entwicklung bekannt, die gegen diese Wirkung immun geblieben wäre, und keine Menschenrasse, die sich diesem Gesetz hätte entziehen können. Die Wege, auf denen das mythische Element sich manifestiert, und die Bedingungen, unter denen seine unerschöpflichen Energien dem Geist der Menschen zur Verfügung gestellt werden, sind offensichtlich ebenso zahlreich und vielfältig wie das Leben selbst. Doch eine der ehrwürdigsten Mythen ist die, in der der Mensch auserwählt und berufen wird, „eine gefahrvolle Reise" durchzuführen. Es ist derselbe Mythos, der im Neuen Testament so völlig verwandelt wird und seine Erfüllung findet. Und das ist auch der Mythos, der in den Herzen meiner Landsleute lebt. Aber der alte Mythos hat sich in unserer Zeit nicht verwandeln können, weil die Europäer in Afrika an seiner ersten Form festhalten. Nach den Gesetzen seiner eigenen Dynamik darf er nicht stillstehen; so ist es unausbleiblich, daß dieser Mythos degeneriert, d. h. sich wieder zurückentwickelt. Eine frühere Vorform, eine weniger bewußte Phase ist schon dabei, jene bewußtere, die der Zeitepoche gemäß wäre, zu ersetzen.

*

Frage:

Gibt es denn nicht einen Weg, auf dem verhütet werden kann, daß das Seelische und Geistige im Menschen einer solchen Rückbildung, wie Sie sie beschreiben, unterliegt?

Antwort:

Vor allem müßten wir lernen, die Sprache des Mythos zu lesen. Wir müßten lernen, sie nicht nur in einer, sondern in allen Dimensionen des Lebendigen zu verstehen. Wenn wir den Mythos nur mit den Begriffen der physischen Welt interpretieren, kommt es lediglich zu einer beschwerlichen Reise auf dem geographischen Plan. Zu einer solchen Reise verlockt ja auch das Versprechen von Privilegien, die von unberechtigter Seite angeboten und anderen Menschen verwehrt werden. Doch so gedeutet, bleibt der Sinn des Mythos in seinem Kindergarten-Vorstadium stecken. Vielmehr ist dieses mythische Element der Hüter der Vision des Lebens in all seiner Fülle und triumphierenden Ganzheit. Dem Menschen ist eine andere Reise aufgegeben, die weder zu Fuß noch auf einem Esel, einem Kamel oder Pferd, noch in einem Ochsenwagen, noch in einem Schiff oder Flugzeug unternommen werden kann. Es ist eine Wanderung aus einem Zustand des Seins in einen anderen, eine Wanderung des *Werdens*, des Sich-Wandelns. Es ist jene „Weite Wanderung", von der der große Yu Ching sagte:

> Und das tiefere Geheimnis im Geheimnis:
> Das Land, das nirgends ist,
> das ist die wahre Heimat.

Nicht nur Griechen, Römer, Juden, Deutsche oder Buren fühlten sich von ihrem Mythos getrieben, jene „Weite Wanderung" in diese andere Dimension des Lebens zu unternehmen. Die Weltgeschichte benutzt die verschiedensten Rassen, um aufzuzeigen, daß der Mythos mit einem Seinszustand beginnt, der uns vertraut ist, daß der Mensch aber darin nicht verharren darf. Die Unangemessenheit dieses ersten Seinszustandes, der allein von der irdischen Welt beherrscht wird, wird durch Prüfungen und Verfolgungen, durch jahrelange Knechtschaft oder Gefangenschaft auf dem physischen Plan symbolisiert. Solche Prüfungszeiten können im Menschen, im Einzelnen oder in einem Volk, das Gefühl wecken, er stehe höher, als daß die Mächte der physischen Welt imstande wären, sein Wesen zu unterjochen. Er darf sich dann wahrhaftig als ein von Gott Erwählter empfinden. Denn dann ist dieses Gefühl ein Zeichen dafür, daß der einzelne Mensch – oder eine Rasse, ein Volk – die Innenkräfte entwickeln kann, um jene „Große Wanderung" zu unternehmen und zu vollenden, so schwierig, ja auch unmöglich sie erscheinen mag. Diese Reise allerdings ist nicht nur ein bloßer Ortswechsel, ein Wechsel geographischer Gegebenheiten, sondern ein Wandel des Seins, ein Werden. Denn dem Menschen ist zur Aufgabe gestellt, aus dem vertrauten, engen Bezirk des Seins, das er von seinen Eltern empfangen hat, in den fernen Bezirk eines Seins zu wandern, ein Sein, das ihm fremd ist, das er noch nie erschaut hat, das in einem anderen unsichtbaren geistigen Bereich liegt. Das Goldene Vlies – das Juwel auf dem Grunde der fernen Quelle – die Heimkehr nach Ithaka – das Gelobte Land auf der anderen Seite der großen Wüste – es ist ein und dasselbe Symbol jenes tapferen neuen Seins, womit der Wandernde belohnt wird, der seinem Mythos folgend den weiten Weg vollendet hat.

Wer die Geschichte meiner Landsleute in diesem

Lichte prüft, wird erkennen, wie getreu sie die Eröffnungsphasen ihres Mythos erfüllt haben. Sie sind dem Ruf zum ersten Abschnitt der Reise in die von Gefahren umwitterte alttestamentliche Welt Afrikas heldenhaft gefolgt. In der Tat, sie haben den Beginn so intensiv durchlebt, daß sie jetzt unmittelbar vor dem Höhepunkt des Dramas, ihres inneren Werdeganges, stehen. Nun sind sie aufgefordert, ihre Wahl zu treffen, welchen Weg sie in Zukunft betreten wollen – es ist der gleiche Anruf, der einem anderen von Gott erwählten Volk einstmals gewährt wurde: den Israeliten mit dem Neuen Testament. Auch meine Landsleute sind nun aufgerufen, ihre Wanderung vom physischen Plan hinweg in die seelisch-geistigen Bereiche zu verlegen. Sie sind aufgerufen, ihre Sinne, die sich in die irdische Welt verstrickt haben, zu erlösen, ihr Ägypten zu verlassen, sich aus der Gefangenschaft im Babylon ihrer äußeren Historie zu befreien. Sie sollen jetzt den Mythos in ein Reich tragen, wo nicht mehr automatisch Privilegien durch Rasse und körperliche Beschaffenheit verteilt werden – sondern wo eine neue Art der Bruderschaft gilt. Durch tiefere und bleibende Einsichten in die Gesetze des Lebens verbinden sich alle diejenigen, gleich welcher Farbe und Rasse, die den Ruf über Raum und Zeit hinweg vernommen haben und ihr Wesen der „großen Wanderung des Werdens" anvertrauen.

Was ich eben schilderte – das werden Sie gewiß

schon gesehen haben –, entspricht genau dem, was das Neue Testament für das Alte Testament bedeutet: Es riß die Schranken, die den hebräischen Mythos einengten, nieder, erlöste ihn aus seiner Gebundenheit an die Rasse und ließ seine Kraft in ein weites Feld einströmen über alles Rassentum und Volkstum hinaus. Die Tatsache, daß das jüdische Volk selbst die Weiterentwicklung seines eigenen Mythos zurückgewiesen hat, gehört zur Ironie der Weltgeschichte, nimmt aber nichts von der Ausstrahlung des Geschehens durch das Neue Testament. Es erschloß sich der Seele des Menschen eine ganz neue Welt, größer und bedeutender als sie je von Columbus oder irgendeinem Seefahrer auf den sieben Weltmeeren entdeckt werden konnte. Mit unseren verkrüppelten Sinnen nehmen wir nichts anderes mehr wahr als die sichtbare Außenwelt; so ergibt sich konsequent aus unserer einäugigen Sehweise, daß die geographischen Entdeckungen nach wie vor unsere Phantasie mehr beeindrucken als die inneren Realitäten jener anderen großen Welt voller ungeahnter Abenteuer. Es kann also nicht wundernehmen, daß auch meine Landsleute bisher davon zurückgeschreckt sind, die Grenze zu überschreiten. Wie die Juden es mit Christus und seinen Aposteln hielten, so scheuten auch sie den Vorstoß zu neuen Sinngebungen und wandten sich ab. Auch sie glauben an die Gültigkeit des Buchstabens allein und an die Macht des Gesetzes. Sie begreifen nicht die Alchemie des Verzeihens und das Mysterium der quecksilbergleichen Kraft, die Macht in Liebe verwandelt. Sie klammern sich noch an die uralten jüdischen Prinzipien „Auge um Auge" und „Zahn um Zahn". Sie glauben als ein von Gott erwähltes Volk an ihre rassische Überlegenheit und fühlen sich berechtigt, andere Völker für minderwertig zu halten, die zu nichts anderem taugten, als Holzfäller oder Wasserträger zu sein. Die Folge davon ist, daß der Mythos meine Heimatgenossen nicht mehr stützt, seine Flutwelle beginnt, in ihnen zu verebben, und sie laufen Gefahr, an der düsteren Inselküste ihrer Geschichte zu stranden gleich jenem einzigen Überlebenden der Odyssee, den Aeneas auf der Insel des einäugigen Riesen fand.

Sie könnten einwenden, daß überall auf der Welt Menschen so handeln. Betrachten Sie aber aufmerksam die kurze Geschichte meiner Heimat, so werden Sie einen erschreckenden, unaufhaltsamen Niedergang feststellen. Denn Sie müssen sich vergegenwärtigen, daß alle diejenigen, die die erste Europäergemeinschaft in Afrika bildeten, solchen Völkern angehörten, die auf ihre Fahnen die Wiederentdeckung des christlichen Mythos geschrieben hatten; nun suchten die einzelnen wie Pioniere nach seinen unausgeschöpften Quellen, wo seine Lebenskraft noch unangetastet zu finden war. Sie gehörten zu der vordersten Linie jener Bewegung, die wir die Reformation nennen, die Seele und Geist der menschlichen Individualität von jeglicher totalitären und faschistischen Tyrannis freihalten wollte. Diese Vorkämpfer identifizierten sich mit dem Streben des Menschen, der allein Gott verantwortlich sein will, der gelobt, den Dienst am Verwandlungsmysterium der Dingwelt voll auf sich zu nehmen und aus seinem alten, bleischweren Wesen ein neues Ich zu gestalten. Die Überzeugung, für diese Aufgabe auserwählt zu sein, verlieh dem Einzelnen die Kraft, die Verfolgungen zu ertragen, löste ihn aus den gewohnten Zusammenhängen in der physischen Welt und sandte ihn aus, seine noch unvollendete Wanderung wieder aufzunehmen. Als diese Menschen vor 300 Jahren nach Afrika kamen, waren sie auf dem Wege, ihren Mythos nach dem Leitbild des Neuen Testamentes umzuwandeln. Aber der Gott, der heute von ihnen verehrt wird, ist kleiner geworden, er ist zu einem gewaltsam fordernden Stammesgott, zu einem empfindlichen Rassen-Geist, zu einem furchterregenden, unendlich eifersüchtigen Jehova meines Afrikanervolkes geworden; wenn aber die Götter sich zurückziehen, welken die Völker, wenn Götter sterben, sterben mit ihnen die Kulturen.

Es scheint eine tiefere Absicht darin zu liegen, wenn ein Mensch in einer bestimmten Zeitepoche zur Welt kommt; seine Mannestat, seine Odysseus-Aufgabe ist es, sein eigenes Wesen zu einem Sein gerade in dieser Zeitepoche zu entwickeln. Auch hier müssen wir an mehr als an eine Ebene denken. Hier gibt es die buchstäblich irdische Ebene des einäugigen Tyrannen und eine andere, tieferwirkende Innendimension, die die Grenzen der Sinneswelt überschreitet. Auf der ersten Ebene sind wir alle moderne Menschen, sind wir alle „Zeitgenossen"; doch auf der tieferen Ebene sind wenige von uns mehr als nur teilweise „zeitgemäß". Die meisten gehören unserer Zeit eigentlich nur in einem technischen Sinn an; wir nutzen die Zeit, benutzen sie, ja wir ‚vertreiben' uns sogar die Zeit eher, als daß wir ihren essentiellen Sinn prägen, gestalten. Die Zeit des jeweiligen Tages und die Zeit, die unser inneres Wesen lebt, die Kalender-Zeit und die Innen-Zeit – sie sind oft äonenweit voneinander entfernt. Wie selten trifft man eine Seele, die dem Leben seinen Jahres-Sinn, seinen 1954-, seinen 1955-Sinn zu geben vermag. Der Mensch des zwanzigsten Jahrhunderts ist, von einer tieferen Sicht aus, noch gar nicht geboren worden. Wir haben in unserer Epoche eine weltweite, die ganze Erde umspannende Revolte gegen die altmodischen Wirtschaftsinteressen und Privilegien erlebt, die aus einer längst veralteten Vergangenheit noch übriggeblieben sind. Aber wir haben noch nicht begriffen, daß es auch altmodische Interessen der Seele und des Geistes gibt, Tyrannen und Despotien des Wissens und der Geschichte, die uns abkapseln vom Leben, und wie Mauern zwischen uns und der Erkenntnis, dem Ziel des zwanzigsten Jahrhunderts, stehen. Wir gleichen einem tief in Gedanken verlorenen

Wesen, das die Heerstraße des Seins entlang hinkt, ohne zu bemerken, daß sein „Brot-und-Butter-Fuß" auf dem entsprechenden „Anno-Domini"-Pflaster seiner Tage munter dahinstapft, während es seinen anderen „Mythos-Fuß" in einem dunklen uralten Rinnstein aus den Tagen vor unserer Zeitrechnung mühselig nachzieht. Sehr wenige Einzelmenschen und noch weniger Volksgruppen stehen mit beiden Füßen zugleich in „ihrer Zeit". Selten wird durchschaut, daß die Forderungen und die Notwendigkeiten unserer Zeit sich gerade als Problem des in uns selbst nicht realisierten Seins darstellen – und wer zieht die Konsequenzen daraus? Zwischen dem, was wir sind und dem, was wir sein sollten, klafft ein dunkler Abgrund, das mythische Element in uns gibt aber keine Ruhe und treibt uns wie ein Bluthund voran, die Kluft zu überbrücken.

Dasselbe qualvolle Gewahrwerden des Zwiespaltes der Zeiten in seinem eigenen Herzen läßt Hamlet in Verzweiflung aufschreien: „Die Zeit ist aus den Fugen, o Fluch, daß jemals ich geboren wurde, sie wieder einzurenken!" Auf der einen Seite ist er der beneidete Erbe der Königskrone, die ihm Liebe und Verehrung verheißt. Auf der anderen Ebene gehört er ganz und gar nicht seiner Zeit an, sondern lebt in einer weit zurückliegenden archaischen Welt unter einer alten Schicksalsmacht. Sein Geist ist in einem tiefen Verließ gefangen, die Mauern erstanden aus dem geheimen

Wissen vom Mord an seinem Vater. Die Ahnung um die Schuld seiner Mutter wurde zum unbarmherzigen Kerkermeister, der ihn auch für seine lichten Tage nicht freigeben oder seine Gefühle für Ophelia nicht zulassen wollte. Noch heute klagen wir mit Hamlet, denn auch unsere Zeit ist furchtbar aus den Fugen geraten. In ähnlicher Weise befinden wir uns in einem Kerker des geheimen Wissens um ein Verbrechen, um ein Versagen unserer Seele, die dem Notschrei unserer Zeit keine Beachtung schenkt. Unbekümmert bestimmen wir weiter die Zeiten des Tages nach dem Kalender und der Uhr, während jener andere nicht synchronisierte, nicht auf das Gleichmaß des Tageslaufes abgestimmte ‚Hamlet' in unserer Seele harrt, schuldbeladen. Das ist auch ein Zeichen dafür, wie schwer es ist, die beiden Länder*), die uns tragen, das äußere

---

*) Unser Heimatland steht natürlich in unmittelbarer Beziehung zu unseren Eltern, der Sprachgeist formte ja auch die Worte „Vaterland" und „Mutterland". Ich glaube, daß man einen wichtigen Schlüssel zur Erkenntnis des Charakters einer Nation besitzt, wenn man weiß, wie sie ihr Heimatland nennt – ob Vaterland oder Mutterland. Vielleicht ist Deutschland das bekannteste Beispiel eines „Vater"-Landes. Japan wäre ein weiteres Beispiel dazu; bei beiden ist die Bezeichnung für die Sonne, die sich mit dem Lande vermählt, um Leben hervorzubringen, weiblichen Geschlechtes – entsprechend dem Gesetz der großen Gegensätze. – England wiederum ist für die Engländer ein „Mutter"-Land; das macht vielleicht auch verständlich, warum die Geschichte von „Hamlet" in der Vorstellungswelt der Engländer solange unvermindert lebendig geblieben ist. – Das Südafrika der Buren hat sich rasch zu einem „Vater-Land" kristallisiert; eine ihrer bedeutendsten nationalistischen Zeitungen heißt „De Vaderland".

und innere, das sichtbare und unsichtbare, miteinander in Einklang zu bringen.

An dem Antlitz der Götterbildnisse, die zur Verehrung von dieser Generation aufgestellt wurden, kann man erkennen, welch eine gefährliche, archaische Stunde der Europäer in Afrika durchlebt. An den Gesichtszügen seines bärtigen Stammesgottes können wir ablesen, daß seine Stunde von den frühen, alttestamentlichen Patriarchen regiert wird. Es ist nicht die Zeit des wiedergeborenen Sohnes, sondern die des Vatergottes, der noch nicht im Sohne Erdengestalt angenommen hat. Halten wir inne und richten wir unsere Gedanken darauf, daß seit der Erscheinung des herabgesandten Sohnes auch jene zarte Ankündigung des weiblichen Wesens die Seele des Menschen erhellt hat, jenes erneuernde weibliche Element, das dann den vom männlichen Element beherrschten Zeiten- und Lebensraum durchzieht. Auch die rauhen, gepanzerten Ritter König Artus' wurden auf ihren abenteuerlichen Zügen vom Bilde eines weiblichen Wesens geleitet. Wenn Sie nun das alles bedenken, was im Seelisch-Geistigen des Menschen geschehen ist seit den zornerfüllten Zeiten des Alten Testaments, da der Mensch unwissend und unselbständig unter dem Schutz der Patriarchen stand, wenn Sie diese gewaltige Entwicklungsspanne überschauen, dann werden Sie erkennen, wie gefährlich das „Sein" meiner Landsleute in Afrika zurückgegangen ist, wie weit der Spalt zwischen ihnen und dem gegenwärtigen Zeitenwesen klafft, das ihr Leben tragen sollte, – und wie düster und unklar die Wege sind, auf denen eine wirkliche Hilfe von außen geleistet werden könnte.

*

Frage:

Die Idee einer historischen Dominante, jenes mythischen Elementes in der Geschichte, fasziniert uns geradezu, und viele von uns würden gern noch mehr hören. Könnte der Redner vielleicht die Beziehung zum Volkscharakter und Volks-Schicksal noch näher erläutern?

Antwort:

Soweit ich kann, will ich es gern tun und hoffe, daß eine weitere Betrachtung zur Verdeutlichung beiträgt. Doch muß ich mich kurz fassen und darf von meinem eigentlichen Thema nicht abspringen. Folgen wir deshalb wieder einer deutschen Parallele, einem Mythos, der unserer Zeit näher steht, als der archaische, der uns bisher als Modell gedient hat. Ich meine die Sage vom Doktor Faustus, ein Mythos, der meiner Meinung nach sogar noch von größerer Bedeutung und stärkerem Einfluß ist als unser archaisches Beispiel. Nun ist Faust vor allem der Ausdruck der deutschen Volksseele. Schon lange, bevor der erste Weltkrieg über die europäischen Lande dahinbrauste, hatte der große Jakob Burckhardt betont, Faust sei ein Prototyp des Deutschen. Als der Doktor Faust des Mittelalters seine allbekannte Entscheidung traf, tat er dies nicht nur in seinem eigenen Namen, sondern sozusagen im Namen der ganzen Nation. Das lebendige Weiterwirken des Faust-Themas in der Vorstellungswelt der Deutschen scheint mir zu bestätigen, daß diese Gestalt ein unverwischbares Leit-Bild in der Geschichte seines Volkes ist. Hat doch sogar noch in unserer Zeit der hervorragende deutsche Schriftsteller Thomas Mann versucht, in seinem umfangreichen Roman den Faust-Mythos in moderner Fassung wiederzugestalten. Da in der Tiefe der deutschen Seele dieser Mythos unvermindert weiterwirkt, glaube ich, daß die Entscheidung des Doktor Faustus aus dem Mittelalter keinen endgültigen Abschluß bedeutet, sondern daß alles, was sich daraus entwickelte, ein Vorstadium – wenn auch voller Grauen – bildet, um für ein ganzes Volk jenen Übergang in eine höhere Form vorzubereiten, die Goethe im zweiten Teil seiner prophetischen Gestaltung der Sage geschildert hat. Ich habe oft mit Verwunderung beobachtet, wie schwierig es ist, einen Mythos, der in einer bestimmten Volksseele wurzelt, in einen anderen Umkreis zu bringen. Gewiß taucht das Faust-Motiv überall in der Welt auf, das ist bei einem Thema, das so intensiv in einer starken Volksseele lebt, nicht anders zu erwarten; aber verglichen mit der grandiosen Orchestration in seiner Heimat, sind es unbedeutende Variationen geblieben. Zum Beispiel haben die Engländer keinen besonderen Anteil an der Faust-Legende. Es gibt zwar eine eigene elisabethanische Version, doch im Vergleich mit dem deutschen Vorbild ist es eine ungestüme, lyrisch-pathetische Schulbuben-Affäre. Die Briten sind eben ein tiefer integriertes Volk, und jener eigenartige Spalt, jener faustische Riß ist in ihrem Volkscharakter hermetisch versiegelt. Doch das besagt nicht, daß sie immun gegen mythische Einwirkungen aus der Geschichte sind. Sie haben andere, ebenso dynamische Mythen. Zum Beispiel die vielen Legenden von König Artus und seiner Tafelrunde, vom Heiligen Gral, den König Artus' Ritterschaft zu suchen auszog. Wie weit man auch die moderne englische Geisteshaltung prüfen mag, stets wird man finden, daß dieser Mythos ihr Inhalt und Richtung gibt. Bis zum heutigen Tage spielt zum Beispiel die Idee vom Ritter eine bedeutende Rolle in der gesellschaftlichen Struktur dieses Landes. Doch haben die Engländer auch einen anderen Mythos, der ihre Seelen nicht in Ruhe läßt – den Hamlet-Mythos, der heidnischer, archaischer ist. Hamlet ist so ausgeprägt englisch, wie Faust deutsch ist. Ebenso wie das Hamlet-Thema die Imaginationskraft der Engländer nach wie vor anregt, da es für sie noch ein ungelöstes Problem enthält, so betrifft das Faust-Thema einen psychologischen Konflikt, der in der deutschen Seele noch heute besteht und zur Lösung drängt.

Doch zurück zu meinen Landsleuten in Afrika Die Parallelität zwischen ihnen und den Deutschen ist auffallend. Allerdings ist es den Afrikanern noch nicht gelungen, die personifizierte Formung ihres eigenen Mythos zu finden, nach dem sie sich so sehnen. Aber die Entscheidung, zu der sie durch ihre eigene Entwicklung geführt wurden und deren Folgen sie nun auszutragen haben, ist eine faustische Entscheidung gewesen. Der Konflikt, der in den Seelen meiner Heimatgenossen eine umwälzende Reaktion hervorruft, d. h. eine Rückwendung zu einem archaischen Leitbild, ist der alte Streit um den Besitz der Seele des Menschen. Diese Situation kehrt in der menschheitlichen Entwicklungsgeschichte immer wieder – es ist eine Situation, die sich letztlich nur religiös lösen läßt. Denn Religion wäre nicht Religion, wenn sie nicht in dunklen Stunden das Licht jenes Gedanken hüten würde, daß das Leben eine Wanderung ist, die in der physischen Welt ihren Anfang nimmt, aber in einer anderen Welt fortgesetzt wird, in einer Welt des Werdens. Religion wäre nicht Religion, wenn sie nicht diese verhängnisvolle Entzweiung der beiden Bereiche des Seins und des Werdens zu versöhnen vermöchte. Der Teufel herrscht über den Menschen, indem er ihn in sich selbst spaltet, – Gott herrscht, indem er uns mit sich selbst wieder vereint. Wer davon überzeugt ist, daß das Seinsproblem in Afrika nur im Religiösen gelöst werden kann, wird um so deprimierter sein, wenn er überall den Zusammenbruch des religiösen Lebens feststellen muß. Auch die Kirchen meiner Landsleute versagen, denn die innere Spaltung des Menschen, die sie gerade heilen und zu einem Ganzen zusammenfügen sollen, vergrößern sie noch. Trotzdem gebe ich die Hoffnung nicht auf. Erstens kenne ich die heroischen Fähigkeiten meiner Landsleute besser als jeder Fremde; und dann glaube ich noch an die Macht jenes Mythos, der sie nach Afrika geführt und zu ihrer großen Wanderung in das Innere getrieben hat. Selbst bis zum heutigen Tage kreisen ihre Vorstellungen mit so hartnäckiger Intensität um den „Großen Treck", daß eine bloße rationale Erklärung nicht genügt. So besessen von einer Idee kann nur einer sein, dessen Seele erfüllt ist von Visionen, deren Erscheinen noch nicht nachgelassen hat. Ich bin sicher, schon keimt in ihren Herzen die erste Ahnung, daß die „Große Reise" ihrer Vorväter unter der Oberfläche der historischen Berichte noch einen anderen Sinn verbirgt.

*

Frage:

Sie setzen ein großes Vertrauen in diesen „Sinn für eine Wanderung", der in uns wirken soll. Ist dieses Vertrauen nicht etwas übertrieben? Wenn nicht, worauf gründen Sie dann Ihre Zuversicht?

Antwort:

Zunächst möchte ich von einer Tatsache ausgehen,

die mir sehr wichtig erscheint: „Der Sinn für die Wanderung" und der „Sinn für die Wahl eines Weges" sind zwei Konstanten in der Mythologie. Dieser „Wander-Sinn" scheint mir sehr tief in uns allen zu wurzeln, ob wir es wissen oder nicht. Vielleicht ist es für Europäer viel schwerer zu verstehen als für mich. Lange bevor der Mensch Bauer wurde, war er Nomade, der den Jahreszeiten folgte über weite Erdflächen hinweg. Ich glaube, daß es eine Epoche gegeben hat, da die Fähigkeit zu wandern ebenso lebenswichtig für den Menschen war wie die Luft, die er atmete, oder die Nahrung, die er zu sich nahm. Ganze Menschenrassen sind zugrunde gegangen, weil fremde Kulturen ihrer Bewegungsfreiheit ein Ende gesetzt haben. Ein weiser Australier versicherte mir einmal, einer der Hauptgründe, warum die australischen Ureinwohner, die er sehr liebte, fast völlig ausgestorben sind, sei der, weil ihr freies, planloses „Umherstreifen" so abrupt durch den Zwang der Zivilisation unterdrückt worden war. Ich persönlich kenne eine andere Eingeborenenrasse, die Buschmann-Pygmäen Afrikas, die auch Nomaden sind und mit ungebrochenem Schicksalsvertrauen trotz unvorstellbarer Strapazen, im Rhythmus der Jahreszeiten, in der Wüste umherziehen. Doch falls sie, wegen irgendeines Verstoßes gegen die sozialen Ordnungen der Zivilisation in Gewahrsam genommen werden, siechen sie dahin und sterben. Ich habe von einem

Buschmann gehört, der innerhalb weniger Wochen im Gefängnis starb, ohne jeden ersichtlichen Grund, außer dem der Unterbindung der Bewegungsfreiheit. Deshalb glaube ich auch, daß dieser „Wander-Sinn" im Menschen seine tiefsten, mächtigsten und schöpferischsten Energien regiert. Der Mythos, der zur Wanderung aufruft, fließt unmittelbar aus der unerschöpflichen Quelle eines höheren Lebenszieles und ist heutzutage ebenso unerläßlich zum seelischen Überleben, wie er früher zum physischen Überleben erforderlich war. Um mit diesem inneren Wandersinn uns wirklich auf die Fahrt zu begeben, brauchen wir eine neue Art der Entdecker, neue Pfadfinder. Nun, da die physische Welt wie ein aufgeschlagenes Buch offen vor uns liegt, nachdem das letzte geographische Rätsel gelöst und der höchste Berg erstiegen worden ist, müssen Menschen bereit sein, umzukehren und als Kundschafter in einen neuen Bereich auszuziehen. Gerade der Mythos ist es, der uns den ersten Schlüssel zum Betreten dieses Weges in neu-alte Dimensionen in die Hand gibt. Deshalb ist es so wichtig für uns, daß wir uns bemühen, seine vergessene Sprache wieder zu erlernen, damit wir seinen vollen Sinngehalt erfassen und ihn unseren Mitmenschen weitergeben können.

*

Frage:

Ich finde den Gedanken einer neuen Art der Forscher für die noch unentdeckte geistige Dimension sehr einleuchtend. Doch verstehe ich noch nicht ganz, was der Redner damit meint. Wie können diese neuen Individualitäten zum Beispiel ihre Aufgabe beginnen?

Antwort:

Ich möchte mit meiner Antwort dort ansetzen, wo Ihre Frage endet. Diese Individualitäten fangen mit ihrer Arbeit zunächst schon dadurch an, daß sie überhaupt die Notwendigkeit der neuen Forschung bejahen und gewahr werden, daß im Mythos bereits Antworten auf ihre Fragen enthalten sind. Man kann jetzt solchen Forschern immer häufiger begegnen. Ich erwähnte vorhin, wie überraschend viele unserer Mitmenschen sich in ihren nationalen oder sozialen Zusammenhängen nicht mehr geborgen fühlen. Ich glaube, daß hier eine neue Menschenart in Erscheinung tritt, die den wahren Sinn unserer Zeit vorausahnt, ahnend vorlebt. Diese Menschen meinen, daß der neue Sinn erst gelebt werden muß, ehe er zur Erkenntnis werden kann, und daß die mühsame Wanderung nur Schritt um Schritt sich vollenden läßt, um das neue Sein entdecken zu können. Es gibt auf der Welt schon viele, die jene wirkliche Forderung der Zeit als so verpflichtend empfinden, daß sie die Unzulänglichkeiten der Gemeinschaften, denen sie angehören, als Krankwerden ihres eigenen Körpers erfahren. Ich habe Deutsche gekannt, die allein an der kranken Geisteshaltung des Vor-Kriegs-Deutschland gestorben sind. Ich kenne Franzosen, die sich infolge der in Frankreich herrschenden Pest des rationalen Materialismus todkrank fühlen. Ich kannte viele Japaner, deren Lebenswille brach, als ihre Nation sich weigerte, dem Zug der neuen Zeit zu folgen und individuelles Leben in ihrer Mitte zu dulden. Viele meiner eigenen Landsleute sind auf dieselbe Art schwerkrank geworden. Sie siechen dahin und sterben, weil die Seele des Menschen unaufhörlich mit den Kräften des Ursprungs verbunden bleiben muß. Wie die Austral-Neger, so kann auch der Mensch schlechthin ohne seine „Streifzüge" nicht existieren. Er muß die Bewegungsfreiheit behalten, er muß sich aus der begrenzten Sphäre des Bewußtseins immer wieder herausheben in die belebenden, größeren Weltzusammenhänge, die ihn umgeben.

Die Seele des Menschen ist die eines Nomaden, sein Blut das eines Beduinen, sein Wesen das eines Grenzbewohners – und nur der Tod besitzt das Recht, die Reise, zu der sein Mythos ihn drängt, zu einem Ende zu bringen. Doch ich glaube, viele dieser Leidenden, die in einen bestimmten Zeitabschnitt der Geschichte ihrer Völker hineingebannt sind, beginnen den Sinn ihrer Isolierung und ihrer Qualen zu enträtseln. Sie beginnen zu begreifen, daß die Krankheit in ihnen nicht der eigenen individuellen Verletzung zuzuschreiben ist, sondern dem Dahinsterben ihrer

Kulturen, Gemeinwesen, Klassen oder Rassen. Der Tod, den sie erleiden, ist nicht ihr eigener Tod, sondern vielmehr der Tod jenes feigen, starren Gefüges, das sich nicht ausweiten will, um das wandernde, sich wandelnde Jahreswesen 1954 zu umfassen. Falls es Ihnen zu übertrieben und phantastisch klingen sollte, kann ich ein Beispiel aus meiner eigenen Erfahrung anführen. Wir erlebten zu Anfang dieses Jahrhunderts in Südafrika einen Krieg, den wir als grausam und ungerecht verurteilten, und der mit dem Sieg der Engländer und unserer Niederlage endete. Ich wurde vier Jahre nach diesem Kriege geboren, doch erfüllte er mich noch nachträglich und wühlte in meinem Innern während meiner ganzen Jünglingszeit weiter. Ich litt an dem Gefühl einer persönlichen Niederlage, das mich völlig unfähig machte, mein normales, kühn vorwärtsdrängendes junges Ich zu leben. Ich kann es kaum beschreiben, wie sehr mein Leben von diesem quälenden automatischen Reflex unserer Niederlage überschattet war, wie elend und krank es mich zuweilen machte, bis es mir eines Tages klar wurde, daß er ein unangemessener Einbruch der Vergangenheit in mein eigenes weiterstrebendes Dasein war. Von dem Augenblick an, als ich diesen Einbruch in mein Ich erkannt hatte, war ich auch imstande, diesen fremden Inhalt aus meinem Leben zu verbannen. Jetzt habe ich das Empfinden, daß dieselbe Erscheinung nun in viel größerem Ausmaß auf der ganzen

Welt festzustellen ist. Viele Menschen erkennen, daß sie so eifrig „Geschichte" gelebt haben, daß sie überhaupt nicht dazu kamen, ihr eigenes „Jetzt" zu leben. Mit einem dumpfen Dröhnen neuer Musik und dem Widerhall des Marschtrittes einer neuen Gemeinschaft im Ohr glauben sie, sie können wieder gesunden, wenn sie einfach dagegen protestieren, daß sie mit den kranken und sterbenden Aspekten ihrer Gesellschaftsstrukturen identifiziert werden. Dieser Prozeß geht auch in Afrika vor sich. Ich muß zugeben, daß er sich noch hinauszögert, aber er hat schon begonnen. Das besondere Problem lautet dort, die Richtung des Ur-Mythos zu ändern, bevor es zu spät wäre. Ich hoffe, es klargestellt zu haben: Der Ur-Mythos meines Volkes an sich ist nicht schlecht. Wenn meine Landsleute – anstatt zu glauben, sie seien das allein auserwählte Volk, – glauben könnten, daß wir alle Auserwählte sind, dann könnte noch alles gut werden. Wenn sie doch einsehen könnten, daß allen aufgetragen wurde, die Wanderung zu ihrem vorgeschriebenen Ende zu bringen, jeder auf seine besondere Art! Trotz unserer Verschiedenheiten sind wir einander gleich, haben in gleichem Maße teil an Ehre und Menschenwürde, ja, unsere Unterschiede machen gerade das Leben mannigfach und wundervoll. Einige wenige haben es bereits begriffen. Von einem solchen Einzelnen möchte ich nur einen Vorfall berichten. Es handelt sich um den Sohn eines früheren

General-Gouverneurs von Südafrika. Vor zwei Jahren ignorierte er ein Polizeiverbot, das ihm untersagte, in einem bestimmten Negerdistrikt Johannesburgs zu demonstrieren. Als er dennoch seelenruhig diesen Distrikt betrat, wurde er verhaftet, verhört und zu einer Gefängnisstrafe verurteilt. Obgleich ich persönlich glaube, daß man ein Volk nicht durch Bruch seiner Gesetze wirklich ändern kann, nicht durch turbulente Verwirrung, sondern die Ordnungskräfte ihres Lebens nur aus der Tiefe umwandeln kann, so sehe ich in diesem Fall, daß seine Tat allein von realen ethischen Ideen diktiert wurde. Und eine solche Handlungsweise kann auch den Boden auflockern, um die erste zarte Pflanzstätte der Änderung der Herzen von Grund auf vorzubereiten, die ja einmal kommen muß. Denn genau gesehen demonstrierte er mit den unzweideutigen Mitteln der Praxis, daß der Konflikt in Südafrika nicht nur ein Konflikt zwischen Weiß und Schwarz, sondern – sogar noch leidenschaftlicher – ein Konflikt zwischen Weiß und Weiß ist. Er hat mit seiner Tat versucht, in das Triebwerk einzugreifen und vom Rückwärtsgang in den ersten Gang zu schalten, um die Rückwärtsbewegung aufzuheben. Die Bewegungstendenz unserer Mythen zurück zur Vergangenheit muß unter allen Umständen geändert werden, das halte ich für eine der dringendsten Aufgaben des Menschen der Gegenwart. Die Mythen dürfen nicht verlöschen, sie brauchen das

Licht unserer Vernunft, unserer Intelligenz, und wir Menschen brauchen Mythen, immer und ewig. Ist Cervantes Don Quixote nicht ein erschütterndes Symbol dieses Lebensgesetzes? Der Ritter aus La Mancha und sein Bauernknappe reiten in uns allen aus unserem ersten klassischen Beginn der „rosenfingrigen" Morgendämmerung bis in unsere letzte romantische Abenddämmerung. Denn der Ritter und der Bauer sind nicht zwei verschiedene Personen, sondern eine einzige: Der Ritter – mutig und opferbereit auf der Suche nach seiner schicksalsbestimmten Aufgabe – ist das Symbol des Ur-Mythos, der sich in uns inkarnieren will, der die Realität unseres Lebens werden will. Und der Bauer – murrend hinterher trottend – ist unser physisches, weltliches Wesen, das sich an den Mythos anklammert, weil sein Leben ohne dessen geistige Kraft keinen Sinn hat. Sie sind zwei Aspekte einer sich weiter entfaltenden, ambivalenten Wahrheit: Ohne Völker, ohne eine Gemeinschaft der Menschen kann der Mythos nicht leben – und ohne Mythos fehlt einem Volk Richtung und Sinn. Sie bedingen sich einander, und eine tragische Entwicklung droht, wenn einer des anderen Notwendigkeit abstreitet und sich allein als Totalität maskiert. Etwa wenn ein donquixotischer Ritter das Auftauchen des Bauern als eine Forderung der Welt negiert und gegen Hirten, die Schafe hüten, anstürmt, als seien sie Räuber. Es gibt keine größere Katastrophe, als wenn eine

Seele die Wanderung verweigert, – als wenn ein Ritter sein Pferd, seine Lanze und seine Aufgabe verliert. Geschieht das, dann bricht ein grauenhaftes Krebsgeschwür der Sinnlosigkeit in das Leben ein. Wir brauchen nur um uns zu blicken, um zu erkennen, wie hoch die Flut der Sinnlosigkeit im Innern des Menschen schon angestiegen ist. Bleibt einem Menschen die ihm legitim zustehende Sinnhaftigkeit seiner Existenz verwehrt, dann ist es begreiflich, wenn er sein Lebensrecht auf Sinnerfüllung illegitim durch Umsturz des sozialen Gefüges, durch Krieg wiederzugewinnen trachtet. Diese wachsende Verzweiflung rührt vor allem daher, daß die Gesellschaftsordnungen unserer Zeit diesen Mitgliedern keinen Wirkungsraum zulassen, der ihrer Tapferkeit und Hingabekraft würdig wäre. Die Gesellschaft behandelt die Menschen wie Kinder, die keinen Risiken, keiner Unsicherheit ausgesetzt werden dürfen – oder, um zu meinem Vergleich zurückzukehren, sie verwehren dem Ritter Rüstung, Roß und seine gute Sache, für die er zu kämpfen gewillt ist, und sie trennen ihn von seinem Bauernknappen. Es ist dasselbe Problem, das Völker mit ihrer Geschichte, der Einzelne mit seiner Gemeinschaft auszufechten haben – wie Kinder mit ihren Eltern. Es gibt zurückgebliebene Nationen, die sich genau so hinter ihrer Geschichte verbergen wie ein nervöses Kind hinter dem Rock seiner Mutter. Sie benutzen die Geschichte als Rechtfertigung dafür, daß sie sich vor ihrer eigenen Verantwortung in der Gegenwart drücken oder aber ein übereifriges Selbstbewußtsein entwickeln und an sich reißen, was ihnen ganz und gar nicht zukommt. Eine Illustration dazu wäre die Art und Weise, wie eine Generation in meiner Heimat, die niemals am Kriege teilgenommen hatte, ein halbes Jahrhundert später sich noch immer hinter dem Burenkrieg versteckt. Mir scheint zwischen einem modernen Problem-Kind und dem modernen Nationalismus eine gewisse Parallelität vorzuliegen, die mir immer wieder aufgefallen ist. Der Nationalismus tritt gleichsam als Jugendkriminalität der modernen Welt auf. Die Nationen scheinen nicht erwachsen werden zu können, ehe sie nicht ihre geschichtliche Vergangenheit hinter sich gelassen haben. Bei dem Menschen ist es ähnlich, er gelangt nicht zur Reife, wenn er nicht die schützende Gemeinschaft verläßt, sie von außen erlebt und dadurch ehrt, daß er offen seine Meinung ausspricht und aufrecht und selbstsicher seinen eigenen Weg verfolgt. Daß der einzelne Mensch die Lebensrealität des Mythischen erkennt, ist in Afrika eine brennende Notwendigkeit. Doch was dort nottut, ist nicht eine Ausmerzung seiner Mythen des Alten Testamentes; es geht darum, die Rückentwicklung und archaischen Wucherungen zu verhindern, den Mythos an das Licht des Tages zu heben und den vollen zeitgemäßen Sinn zu erkennen. Dieser neue mythische

Sinn ist der geistige Raum, in dem sich alle Rassen und Farben in Afrika finden können. Natürlich kann es auch hier keine Zauberlösung des Problems geben. Die Antwort muß gelebt, durchlebt werden, demütig und unter Schmerzen von Anfang bis zum Ende auf allen seinen Ebenen.

Unglücklicherweise kann die westliche Welt in ihrem Denken so übersteigert und anmaßend sein, daß sie sich der Illusion hingibt, man könnte mit diesem gewaltigen Problem einfach auf die Weise fertig werden, daß man sich eine geeignete Lösung ausdenkt, die allein durch logisch ausgeklügelte Veränderungen an der politischen und sozialen Maschinerie Erfolg verspricht. Ein so oberflächliches Denken und Handeln aber kann nur mit einer Katastrophe enden, zumindest in Afrika. Der einzelne muß statt dessen alles tun, daß das Mythische harmonisierend auf die schwere Stunde einer neuen Geburt einwirken kann, d. h. daß die versunkenen schöpferischen Energien des Mythos in das verletzte und gestörte Kraftfeld seines heimatlichen Kontinentes wieder einstrahlen können. Glücklicherweise gibt es aber doch viele meiner Landsleute – und es werden ständig mehr –, die entschlossen sind, Afrika jenes Katastrophen-Modell zu ersparen, das uns die historische Entwicklung, sowohl hier als im Osten, so nahegebracht hat. Sie glauben, daß Afrika dadurch nicht nur sich selbst, sondern auch die übrige Welt retten könnte.

Frage:

Als Südafrikaner, der jetzt in Europa studiert, bin ich entsetzt über die äußerst verzerrten Anschauungen, die man in Europa von den Ereignissen in Südafrika hat. Offen gesagt: ich finde, Ihre Ausführungen heute Abend tragen nicht viel zur Klärung der Probleme bei. Daß Sie aber eben vor der Ausmerzung dessen, was Sie den „Mythos" in Südafrika nennen, warnten – dafür danke ich Ihnen. Denn dies scheint mir doch anzudeuten, daß Sie es für recht und billig halten, die von den Weißen geschaffene Kultur in Afrika zu bewahren. Habe ich Sie darin recht verstanden?

Antwort:

Selbstverständlich glaube ich an die von den Weißen geschaffene Kultur, wobei ich das Wort „weiß" in dem vorhin definierten tieferen Sinn gebrauche. Ich glaube an das Anwachsen der westlichen Kultur und ihre Erhaltung in Afrika, da ich zutiefst an die Weiterentwicklung des Bewußtseins glaube. So stark glaube ich daran, daß ich davon überzeugt bin: Welche Lebensformen wir in Afrika auch erreichen mögen, sie kann nur auf dem harten Wege eines tieferen und umfassenderen Bewußtwerdens von unserem Wesen, unserem Sein und dem Sinn des Lebens erarbeitet werden. Aber nicht etwa durch ein Zurücktauchen in den Zustand des Unbewußten, aus dem die Menschheit so langsam und mühselig emporgestiegen ist. Ich glaube, daß die große Gefahr in Afrika daher kommt, daß wir uns nicht klar genug über unsere Ansichten, Aufgaben und Ziele dort geworden sind. Unser sogenanntes Bewußtsein ist fanatisch eng. Durch unsere hartnäckige, ja blinde Weigerung, auch andere Kräfte und Werte im Menschenwesen anzuerkennen, haben wir uns instinktiv Ablehnung und schlimme Feindschaften zugezogen. Natürlich ist es nicht so, daß wir Vernunft und Intellekt, denen unsere Kultur so viel zu verdanken hat, preisgeben sollen. Aber wir müssen uns dem Intellekt entgegenstellen, wenn er sich überschätzt, eigensinnig isoliert und darauf besteht, andere gleichwertige Schichten der menschlichen Seele zu tyrannisieren. Ganz gleich zu welcher Lösung der Probleme in Afrika wir auch kommen, Voraussetzung für alles ist eine enorme Steigerung der Erkenntnisfähigkeit des modernen Menschen in Afrika, eine größere Spannweite, die es zuläßt, daß alle die reichen instinktgebundenen Werte, die eine so große Rolle im Leben der Schwarzen spielen, nun auch in unserem eigenen Leben eine anerkannte Rolle spielen. Wir müssen zu einer Liberalisierung unserer eigenen Institutionen kommen und die menschlichen Beziehungen zwischen ihren Mitgliedern erweitern. In diesem Sinne glaube ich zutiefst an die Erhaltung der weißen Kultur in Afrika.

Frage:

Es scheint mir, daß Sie immer noch der wichtigsten Frage aus dem Wege gehen. Könnten Sie mir bitte sagen, ob es Sie glücklich stimmen würde, wenn Ihr Sohn eine schwarze Frau heiraten würde? Sie brauchen nur mit Ja oder Nein zu antworten.

Antwort:

Stellen Sie mir über Afrika jede Frage, die Sie mögen, und ich will versuchen, sie zu beantworten; aber ich bin nicht bereit, mir sagen zu lassen, w i e ich diese Fragen zu beantworten habe. Also lassen Sie uns erst einmal klären, was wir unter Ehe verstehen, und zwar nicht im Sinn der alten Zeit, sondern im heutigen. Wir brauchen nur die immer länger werdende Liste plötzlicher Todesfälle in den Tageszeitungen der westlichen Welt zu lesen, um festzustellen, daß die Ehe eines der Hauptschlachtfelder der Seele in unserem Zeitalter ist. Den Forderungen unseres Ichs entsprechend ist auch die Ehe spezieller und bewußter in ihrer Realität geworden. Es gab eine Zeit, da der Begriff der Ehe eigentlich nur einen biologischen und sozialen Aspekt enthielt. Aber heutzutage verlangen Männer und Frauen von einer Ehe mehr. Der soziale, wie der biologische Aspekt sind natürlich noch von elementarer Bedeutung, doch in unserer Zeit finden die Männer und Frauen nicht mehr ihre Erfüllung darin, nur die Erzeuger und Beschützer ihrer Kinder zu sein. Sie beginnen einzusehen, daß das Verhältnis zueinander persönlicher und individueller werden muß. Sie stellen daher höhere Ansprüche an das Wesen des anderen. Das liegt in derselben Linie, wie das Streben des Gegenwartsmenschen nach größerer Bewußtheit, denn der wirklich moderne Mensch will die volle Last der Verantwortung selber tragen. Die Frau ist heute sowohl in der Sicht des Mannes wie auch im größeren Lebenskreis, aus dem Schatten einer rein soziologischen Funktion herausgetreten und zeigt sich immer klarer als eine Individualität mit eigenen bewußten Forderungen und Zielen, die denen des Mannes, der bisher die Hauptperson im Drama war, gleichwertig sind. Die heute sich neu bildende Anschauung von der Ehe ist infolgedessen viel schwieriger und umfassender als in dem weniger bewußten Zustand, der vorausging. Obwohl das neue Verhältnis der Ehepartner zueinander von der Zeitentwicklung begünstigt wird, können Differenzen hinsichtlich Stand, Sprache, Konfession die neue Einstellung natürlich gefährden, so daß man selbstverständlich zögern würde, zu den bestehenden Schwierigkeiten weitere der Rasse und Farbe hinzuzufügen, zumal die Welt gerade aus diesen Differenzen noch besondere Probleme macht. Ich wäre also nicht glücklich darüber, wenn mein Sohn jemand heiraten würde, der nicht seinem Volke angehört, d. h. nicht seine Lebensanschauungen teilt; doch mein Betrübtsein wäre nicht durch ein Vorurteil gegen die Hautfarbe der betreffenden Frau bedingt.

Mischehen führen, soweit ich beobachten konnte, nicht zu allzu glücklichen Resultaten, doch das mag sich eher aus der allgemeinen Haltung in der Welt zu den Problemen der Farbe ergeben als aus Schwierigkeiten, die etwa aus der speziellen Verbindung dieser beiden Menschen stammen. Ich kenne eine schwarze Frau, die in England aufgewachsen ist und einen Engländer geheiratet hat, sie lebt in einer wirklich beseelten und geistig anregenden Gemeinschaft mit ihrem Ehemann.

Es gibt aber noch einen anderen Punkt, den ich erwähnen möchte. Wie wenig klug es auf der heutigen Stufe der Entwicklung für Weiße und Schwarze auch sein mag, einander zu heiraten – wir sollten uns dennoch stets dessen bewußt bleiben, daß diejenigen, die sich dazu entschlossen haben, vielleicht etwas wagen, das für die Zukunft von historischer Bedeutung werden kann. Denn sie beweisen der Welt, daß in den tiefsten Wesensschichten der Menschen, in dem Reich der Liebe, niemals so etwas auftauchen kann wie das Rassen-Vorurteil. Damit will ich nicht etwa Mischehen befürworten. Andererseits glaube ich, daß die Ehe eine Bindung ist, die Menschen allein ihrem eigenen Gewissen folgend eingehen sollten, ohne sich dabei von irgendwelchen anderen Überlegungen bestimmen zu lassen. Jedenfalls meine ich, daß es für uns wichtig ist, bei einer Erörterung dieser Probleme zu bedenken: Die einzelnen Menschen, Schwarze und Weiße, die einem übermächtigen Lebensdrang gehorsam sich einander verbinden, dienen, ohne es zu wissen, vielleicht einer Sache, die sowohl für die Entwicklung der Zukunft als auch für unser gegenwärtiges Leben von großer Bedeutung ist.

*

Frage:

Sie sprachen vom Zusammenbruch des religiösen Lebens. Ich habe jedoch nicht feststellen können, daß die Gemeinden in Südafrika zusammengebrochen wären. Als ich Südafrika vor einem Jahr verließ, um zum Studium hierher zu kommen, waren die Kirchen sonntags nach wie vor überfüllt. Ich kann ganz und gar nicht begreifen, wie Sie behaupten können, die Kirchen hätten den Kontakt mit unserem Volke verloren.

Antwort:

Ich danke Ihnen für diese Frage. Es ist wahr, daß die Kirchen in Südafrika den Kontakt mit ihren Gemeinden nicht verloren haben. Auch ich bin jedesmal, wenn ich zurückkomme – und ich kehre wenigstens einmal im Jahr nach Hause zurück –, erstaunt darüber, wie die Gemeinden wachsen und sich in der Außenwelt ausbreiten. Weit entlegene Dörfchen, die zu meiner Kindheit noch keine einzige Kirche hatten, haben nun zwei, drei, ja sogar vier Kirchen. Das Entwerfen und Errichten von modernen Kirchen hat sich für die Afrikaner zu einer großen, blühenden Industrie entwickelt und – was noch mehr besagt – wie schnell die Kirchen sich auch vermehren mögen, sie sind niemals leer. Im Vergleich zu Kirchen anderer Länder und Gemeinschaften scheinen unsere Kirchen in einer geradezu beneidenswerten Lage zu sein. Doch wenn Sie die tieferen Zusammenhänge erforschen und hören, was in jenen Kirchen gepredigt wird, werden Sie merken, daß der Kontakt mit dem Volk nur durch etwas zustande kommt, was ich geradezu als eine erschreckende Preisgabe des Religiösen ansehe. Kontakt wurde nicht dadurch gehalten, daß die Gemeinde den Geistlichen auf die Wanderung zu jenem „Werden" folgte – wovon wir so ausführlich gesprochen haben –, sondern weil sie sich zurückwenden und in gefährlicher Umkehr ihre Schritte in eine Richtung lenken, die weithin verrufen ist. Sie sind volkstümlich geblieben, aber nicht, ohne einen Preis zu zahlen: Sie sind zum Volke herabgestiegen und spielen nun eher eine politische als eine religiöse Rolle. Bisweilen ist es schwer zu sagen, welche Kultform dominiert – eine frühe Form der Ahnenverehrung oder die alt-testamentliche Gottesverehrung. Levy-Brühl sagt einmal: „Der Traum ist der eigentliche Gott der Primitiven." Das südafrikanische Volk ist – mit seinen Kirchen im Schlepptau – zu dem Punkt in seinem Seelenleben zurückgekehrt, wo ein Rassen-Mythos, ein rassisch bedingtes Traumbild der

Geschichte – ihr eigentlich realer Gott ist. Das erklärt auch die Wendigkeit, mit der südafrikanische Pfarrer von ihrer Kanzel in die Arena der Politik herabsteigen; im Grunde besteht ja auch kein nennenswerter Niveauunterschied zwischen beiden Bezirken – beide dienen demselben Herrn. Auch wenn ich Ihren Protest hervorrufen muß – ich halte das, was geschieht, für einen schwerwiegenden Zusammenbruch des religiösen Gefüges meines Landes. Ja, ich gehe noch weiter, ich nenne diesen Prozeß einen Verrat an den religiösen Zielen, die uns ursprünglich nach Afrika geführt haben.

*

Frage:

Wenn ich Sie sprechen höre, kann ich kaum glauben, daß Sie wirklich ein Südafrikaner sind, doch hoffe ich, daß Sie mir dennoch gestatten werden, eine weitere Frage zu stellen. Sie erwähnten einen führenden Staatsmann, der gesagt hätte, daß es „die wahre Aufgabe der Universität sei, dem Staat zu dienen". Könnten Sie uns, bitte, den Namen dieses Staatsoberhauptes sowie die Namen derjenigen nennen, denen Sie in erster Linie die Verantwortung für den Stand der Dinge in Afrika zuschreiben würden?

Antwort:

Mit Leichtigkeit könnte ich Ihre Frage beantworten, doch müssen Sie mir verzeihen, wenn ich es ablehne. Aristoteles hat einst gesagt: Wenn der menschliche Geist richtige Antworten zu erhalten wünscht, muß er zuerst lernen, richtige Fragen zu stellen. Ich fürchte, auch Ihre Frage ist nicht richtig gestellt, und ich will Ihnen sagen, warum. Die Situation in Afrika, über die wir hier diskutieren, ist nicht von irgendeiner einzelnen Persönlichkeit hervorgerufen worden. Die Ursache des Konfliktes liegt in uns allen, liegt in jedem einzelnen von uns, nicht nur wie wir uns in unserem öffentlichen Leben verhalten, sondern auch in unserem Privatleben. Ich wünschte, es wäre nicht so, denn dann wäre es möglich, das Problem schon dadurch zu lösen, daß gewisse Personen aus ihren Machtpositionen entfernt werden. Doch unglücklicherweise liegt der Fall nicht so einfach. Ich würde sagen, wir stehen einer mythisch bedingten Situation, einer Herden-Situation gegenüber; sie wurde weder bewußt von einzelnen geschaffen, noch kann sie von einzelnen unter Kontrolle gehalten werden. Ein Vergleich sei erlaubt: Der bewußte Widerstand jedes einzelnen wird allmählich unterhöhlt und dann langsam mit der zurückebbenden Lebens- und Gefühlsflut eines ganzen Volkes in die offene See hinausgetragen. In Ländern, die diese Erfahrung durchmachen, kann man folgendes beobachten: Wenn eine ganze Regierung, die gerade an der Macht ist, durch Gewalt beseitigt wird, wird am nächsten Morgen die Position mit genau derselben Art von Menschen wieder besetzt, denn in solchen Situationen üben die sogenannten Führer keinerlei Kontrolle darüber aus, was sie zu führen meinen, sie bringen nur eine negative und unbewußte Strömung, die sich der Seele des Volkes bemächtigt hat, zum Ausdruck und müssen ihr notgedrungen folgen. Sie brauchen sich nicht lange in Afrika aufzuhalten, um das festzustellen. Überall schlägt einem der erstickende Hauch einer krampfhaften Rassen-Mystik entgegen, welche das liebliche Licht Afrikas mit langen Blaustift-Schatten kontrastiert. Sie brauchen nur mit den Leuten dort zu sprechen, um diese irrationale Besessenheit zu gewahren und werden betroffen erkennen, daß sie wie in einem tiefen Kerker ihres Ichs, unerreichbar jeder vernünftigen Verständigung, gefangen sind. Ich sage Ihnen das mit solcher Sicherheit, denn ich habe bei anderen Nationen manche persönliche Erfahrungen mit diesen atmosphärischen Bedingungen machen können. In Japan fühlte ich lange, bevor der Krieg in der irdischen Welt tatsächlich ausbrach, bereits diesen Druck auf den Geist des japanischen Volkes, auf der Seele meiner japanischen Freunde lasten; es war, als erzitterte über ihnen die Luft von den schweren Flügelschlägen eines ihrer mythischen Drachen. Dasselbe empfand ich im vornazistischen Deutschland und nach dem Kriege in den Aufruhrgebieten Südost-Asiens. Ich glaube, daß zur Zeit der gleiche Prozeß in Afrika am Werke ist, und ebenfalls kann ich versichern, daß der Prozeß in dieser Phase seiner Entwicklung sehr wenig mit Massenführern, mit Führertum zu tun hat. Eines Tages werden die Völker der ganzen Welt das vielleicht einsehen und sich bei ihren Zukunftsplänen und ihrem Verhalten in der Gegenwart mehr danach richten.

*

Frage:

Ich bin eine Engländerin und möchte gern wissen, ob es für uns in England irgendeine Möglichkeit gäbe, bei der Lösung dieses gewaltigen Problems in Afrika mitzuhelfen? Können wir irgend etwas Bestimmtes tun, um diese furchtbaren Spannungen in Kenia oder in Südafrika, von denen Sie uns berichtet haben, zu überwinden?

Antwort:

Wie kann man nur das weiterreichen, was man aus eigener Erfahrung für richtig und hilfebringend hält?! Ich weiß nicht, in welchem Maß es möglich ist. Überzeugt bin ich aber davon: wenn überhaupt – dann allein durch das Beispiel! Die Menschen in England haben uns in Afrika schon auf vielen Wegen geholfen, einmal durch das, was sie mit ihren eigenen sozialen Formen und Institutionen erreicht haben, und vor allem durch die Qualität ihres Wesens. Es gibt auch andere Wege, um uns zu helfen, doch sind sie wohl eher negativer als positiver Art.

Als erstes: Sie dürfen es sich selbst nicht gestatten, uns in Afrika zu hassen. Das ist wichtig. Allmählich, aber unbestreitbar, beginnen die Menschen in England die Weißen in Afrika zu verachten, zu hassen, dagegen den Schwarzen und Mischling so zu überschätzen, daß ihre Vorstellung weder der Wirklichkeit noch der Wahrheit entspricht. Die Engländer fangen an zu glauben, daß der Weiße in Afrika, insbesondere der Bure, so etwas wie eine neue Art eines verderbten menschlichen Monstrums sei, das weder Sympathie noch Liebe verdient. Ihnen erscheint das Unrecht, das er tut, als etwas Böses, das die Grenzen des Natürlichen sprengt. Seine Sünden sind in ihren Augen solche, die den Sünden anderer Menschen nicht gleichen, insbesondere nicht ihren eigenen, und die deshalb eine solche Schärfe der Verurteilung verdienen, die sie für ihre eigenen Affären gar nicht anwenden. Sie neigen dazu, unseren Irrtümern in Afrika die Entschuldigung menschlicher Fehlbarkeit zu versagen, und verdammen meine Heimatgenossen auf das Unmenschlichste. Sie beschleunigen dadurch gerade das, wovor man sich am meisten hüten müßte: das Problem ins Unpersönliche, Unmenschliche zu ziehen. Ich gebe zu – ein großer Teil meiner Landsleute in Südafrika benimmt sich erbärmlich. Korrigieren sie ihr Verhalten nicht, muß es sogar zur Katastrophe kommen. Aber hassen sollte man sie dennoch nicht. Die Schwierigkeiten, die die Kultur einer Minorität in solch einer unüberschaubaren, primitiv gebliebenen Umgebung bedrängen, sind so tiefwirkend, wie es Europäer nie ganz verstehen werden. Wenn die Macht den Menschen korrumpiert, so korrumpiert keine Macht ihn so heimtückisch wie die Macht der Zivilisation in einer hilflosen, primitiven Welt. Auch dürfen Sie nicht vergessen, daß Tausende von Weißen in Afrika aufrichtig glauben, sie gingen den einzig möglichen Weg. Deshalb scheint es mir von größter Wichtigkeit zu sein, dieses Gefühl der Rechtmäßigkeit ihres Handelns richtig zu werten und zu erkennen, daß in dem Sinn, den Menschen ihren Handlungen geben (so beklagenswert diese Handlungen auch sein mögen), der Schlüssel dazu liegt, ihrer Seele einen anderen Bereich zu öffnen. Wenn es eine Form des Diebstahls gibt, die noch niedriger als das Stehlen selbst ist, dann ist es diejenige, die den Dieb der geringen Würde, die er noch besitzt, ganz beraubt. Denn dadurch versagt man ihm die Gelegenheit, den wirklichen Sinn seiner Taten zu erkennen und beraubt ihn der einzigen Möglichkeit, durch die er von seiner diebischen Veranlagung erlöst werden könnte.

In ähnlicher Weise könnte uns Großbritannien helfen, mit uns heutigen Afrikanern den Sinn des irregeleiteten „Rechtes", das in diesem Konflikt zum Ausdruck kommt, herauszufinden. Das Schlimmste, was man unter diesen Umständen tun kann, ist, das Verdammungsurteil der Rasse oder des Einzelnen zu verschärfen. Die besten Ärzte sind diejenigen, die den Krankheiten und Seuchen, die sie heilen, nicht widerwillig, sondern liebevoll entgegentreten. Die besten Priester sind auch nicht jene, denen die Sünde ein Greuel ist, sondern diejenigen, die hinter der Sünde die warme, unermüdlich suchende Menschlichkeit der ihrer Seelsorge anvertrauten Sünder erkennen. Leider ist eins der schlimmsten Resultate unserer übersteigerten protestantischen Entwicklung, daß wir immer unduldsamer einer des andern Sünden erleben. Deshalb begreifen wir immer weniger den Sinn der Sünde. Auch der Europäer in Afrika wird nicht besser durch Strafe oder Haß. Bemühen Sie sich um ein Verständnis jenes schmerzlichen Segmentes unrealisierter Zeit in der Seele der afrikanischen Europäer, – versuchen Sie, sich davor zu hüten, Partei zu ergreifen im Kampf, der in Afrika tobt, – stimmen Sie ein in den Ruf, daß die Lösung des Problems von allen Völkern, Rassen und Farben in Afrika kommen muß und nicht nur von einem einzelnen Teil, dann würden Sie uns eine große Hilfe leisten. Denn die einzig gesunde Form der Gemeinschaft ist die, in der die verschiedenen Interessen möglichst nicht auseinanderstreben, in der vielmehr das Ganze resolut verteidigt wird gegen alles und jedes, was spalten will. Die Schweiz ist ein Beispiel dessen, was ich meine.

Doch es gibt noch einen anderen Beitrag, den Sie in England zur Milderung der Komplikationen in Afrika leisten könnten. Richten Sie nicht auf Afrika denselben moralischen Eifer, der für Ihr Leben in

Europa wichtig ist. Hüten Sie sich davor, den tiefen Konflikt, der in der Seele des modernen Menschen in Europa wütet, auf uns in Afrika zu projizieren. So schwierig wird die Situation dadurch, daß Afrika für die moderne Welt gleichsam eine großangelegte antike Tragödie darstellt, in der höchst dramatisch und phantastisch der uralte Kampf zwischen Mensch und Schicksal gezeigt wird. Der Schwarze und der Weiße in Afrika, der primitive, mit der Natur verbundene Mensch und der ‚synthetische Zivilisationsmensch‘ personifizieren zwei uralte Aspekte, die ständig im Herzen der Individualität miteinander streiten. Wer diesem gewaltigen Drama in Afrika zuschaut, verwechselt leicht den Kampf draußen mit dem Kampf in seinem Innern. Er glaubt wirklich, wenn er für eine der beiden Seiten Partei nimmt, Afrika zu helfen. Dieser Irrtum erklärt sich mir damit, daß sowohl Nationen wie auch Individualitäten ihre eigenen Probleme auf die Nachbarn übertragen. Und Sie in England neigen dazu, auf sehr subtile Weise uns dasselbe anzutun. Sie erwarten von uns weißen Afrikanern einen Moralstandard, den Sie in Ihrem Lande nicht immer verwirklichen können.

Lassen Sie mich ein Beispiel geben. Vor mehreren Jahren sprach ich mit einigen Ihrer politischen Führer über die Tendenz der politischen Parteien in England, Spannungsmomente aus der britischen Politik auf die afrikanische Szene zu projizieren. Einer meiner Gesprächspartner unterbrach mich plötzlich: „Sehen Sie mal, Herr Oberst, ich bin nur ein schlichter Bergmann; doch wenn ich nach Afrika komme und dort feststellen muß, daß die weißen Bergleute die schwarzen nicht in ihre Gewerkschaften zulassen, so halte ich das für ein Unrecht, das ich nicht einfach hinnehmen kann."

Ich antwortete: „Sie haben recht, eine solche Situation besteht tatsächlich in Afrika, und sie ist nicht in Ordnung. Doch wollen wir fair sein. Zur Zeit besteht in England eine empfindlich spürbare Verknappung an Arbeitskräften im Kohlenbergbau sowie an Kohle. Mr. Bevin hat sich folgendermaßen geäußert: ‚Geben Sie mir mehr Kohlen, und ich kann eine unabhängige Außenpolitik verfolgen!' – Doch gerade in diesem Moment haben Ihre Bergleute in England es rundweg abgelehnt, italienischen Arbeitern die Mitarbeit zu gestatten. Ist das nicht ein überzeugendes Beispiel dafür, daß Sie Afrika eine Haltung von solchem Niveau abverlangen, das Sie selbst in Ihrem eigenen Lande nicht erreichen?"

Doch ein solches Spiel, auf Kosten anderer hochsinnig zu erscheinen, wird überall in der Welt getrieben und hat seine unheilvollen Resultate. Wenn Sie uns in Afrika das nicht mehr antun, helfen Sie uns und steigern zugleich Ihre Energien, die Sie für die Lösung Ihrer eigenen Probleme brauchen. Überwinden Sie alle jene Vorurteile des Standes, der Konfession, der Nation, die aus Europa eines der blutigsten Schlachtfelder in der Geschichte der Menschheit machen! Geben Sie uns ein wirklich einiges und vereinigtes Westeuropa, dann würden Sie uns damit in Afrika mehr helfen, als ich es jemals ausdrücken könnte.

*

Frage:

Ich bin ein Amerikaner; mich hat das, was ich gehört habe, tief bewegt. Wie die Dame, deren Frage soeben beantwortet wurde, möchte auch ich fragen, wie wir unsererseits helfen könnten. Ich bin mir darüber klar, daß vieles von dem, was ihr eben gesagt wurde, auch für uns gilt. Und doch möchte ich wissen, ob es nicht einen speziellen Amerika-Winkel dieses Problems gibt, der bisher hier nicht erwähnt wurde. Vielleicht kann Oberst van der Post einige Worte darüber sagen.

Antwort:

Jawohl, den gibt es. Ich muß sogar gestehen, daß dieser „Amerika-Winkel", wie Sie es nennen, mir fast ebenso wichtig erscheint als der britische oder europäische. Ich werde versuchen, eine Antwort auf Ihre Frage zu geben, wenn auch nicht ohne ein gewisses Gefühl der Unsicherheit, denn ich bin noch nie in Amerika gewesen. So kann ich mich nur darauf stützen, was ich über Ihr Land gelesen, was ich aus der Literatur und Kunst Amerikas erfahren habe. Es scheint mir, daß die Amerikaner gleich uns ein Volk sind, das ursprünglich europäischen Stammes war, seine Wurzeln dort aber löste und nach Übersee verpflanzt wurde. Auch die Vorfahren der Amerikaner wurden in eine ungeheuer umfassende, primitive Welt geworfen, die nur im oberflächlichen Sinn neuzeitlich, in jeder anderen Hinsicht doch alt und von „Zeit" durchtränkt war. Sie wurden langsam aber sicher durch die nachreformatorische Flut in der europäischen Seele in einen erbarmungslosen Kampf mit ihrer neuen Umwelt, dem noch primitiven Amerika, hineingezwungen. Alles, was ich von der Geschichte der einwandernden Amerikaner weiß, ist mir eine Bestätigung dafür, daß derselbe Spaltungsmechanismus, den ich so gut in Afrika kenne, im Schatten auch ihrer urteilenden Vernunftkraft unnachgiebig am Werke war, – deshalb die Verfeindung mit den rothäutigen Indianern, deshalb sprangen sie einander an die Gurgel. Wäre es nicht so, hätten die aus Europa stammenden Amerikaner, wie ich glaube, schon längst eine Brücke über den Abgrund gefunden, der sie so grausam von den Naturkindern dieses großartigen Landes trennt. Doch ganz bewußt, ja mit einer sonderbar wilden und fast heroisch zu nennenden Hartnäckigkeit verteidigen sie die Zurückweisung des ursprünglichen Amerika. Obwohl sie den Widerstand so bewußt behaupten, bemerke ich, wie das Land Amerika ihr Wesen nach seinem eigenen geheimen

Willen formt und sie in ein Volk verwandelt, das in
keiner Weise mehr europäisch ist. Sie selbst erkennen
ja die Veränderung an, sie nennen sich Amerikaner –
wie wir in Afrika uns Afrikaner nennen. Doch wüßte
ich gern bis zu welchem Grade die Amerikaner sich
wirklich dessen bewußt sind, wie tief diese Umwand-
lung geht, wie wesentlich die Anforderungen sind,
die an ihre Seele gestellt werden und wie weit sie
in das Leben eingreifen. Oder ob sie, wie wir in
Afrika, etwa auch nur meinen, es wäre einfach eine
andere soziologische oder politische Variante in dem
westlichen Schema der Dinge. Ich werde Ihnen gleich
sagen, warum mich das so brennend interessiert. Der
springende Punkt ist der: Als die eingewanderten
Amerikaner das ursprüngliche, primitive Leben in
Amerika total ablehnten, war anfangs ihre Haltung
eine genaue Parallele zu unserer Haltung. Dann
aber trat im Laufe ihrer Entwicklung folgendes hin-
zu: Sie haben das ursprüngliche Afrika mitten in
Amerika eingelassen, als sie schwarze Sklaven zu sich
herüberholten. Verschwenderisch große Anleihen haben sie aus der tiefen Schatzkammer des Ursprünglichen in Afrika bezogen; und heute stehen wir vor
dem Resultat, daß ein weiter Bereich der amerikanischen Seele auch afrikanisch ist. Ich höre ständig die
afrikanischen Untertöne aus diesem besonderen afrikanischen Amerika in ihrer Musik, ich erkenne die
afrikanischen Rhythmen in ihren Tänzen und in ihrer

bildenden Kunst wieder. Während dieses Prozesses, da Amerika sich das afrikanische Element einverleibt, besteht die Gefahr, daß zum zweitenmal das Wesen des Ursprünglichen zurückgestoßen und verletzt wird. Die Voreingenommenheit von Seele und Geist, die diese gefährliche Situation bedingt, scheint dieselbe bei uns zu sein. Es wird aber nicht ausbleiben, daß das Vorbild, das Amerika durch die Überwindung dieser Vorurteile gibt, stärksten Widerhall in Afrika, ja in der ganzen Welt hervorruft.

Wenn ich von der Gefahr einer zweiten Abweisung spreche, denken Sie bitte nicht, daß ich ignoriere, was die Amerikaner durch ihre Gesetzgebung und Geschichte getan haben, um dem Afrikanischen in ihrer Mitte gerecht zu werden. Vor allem darf man den furchtbaren Bürgerkrieg nicht unbeachtet lassen, den sie für die Befreiung des afrikanischen Menschen, für seine Aufnahme in den Schutz ihrer sozialen Ordnung, geführt haben. Diese Dinge sind von einem solchen Gewicht, das sie gar nicht übersehen oder unterschätzt werden können. Aber sie sind nur eine Dimension des ganzen Problems. Die Wurzeln des Konfliktes greifen tief in das Herz jedes einzelnen in Amerika, greifen tief in das Herz jedes einzelnen in Afrika. Das Ergebnis des Bürgerkrieges ist vom irdischen Schauplatz verschwunden, aber von den Schwingen der Geschichte emporgehoben, und wirkt nun unerkannt in Seele und Geist des einzelnen

Menschen weiter. Dort im Herzen muß der ehrenvolle Friede zuerst erkämpft werden, bevor die Gefahr Ihr Land, mein Land, die ganze übrige Welt aus ihren Klauen lassen wird. Wir wollen uns nichts vormachen: Es ist eine Angelegenheit von weltweiter Bedeutung. Es ist die wichtigste Angelegenheit unserer unglücklichen Epoche. Sie erfordert die schärfste Aufmerksamkeit, damit wir ihre Ursprünge in den unsichtbaren Tiefenschichten unseres innersten Ich erkennen. Ich sprach vorhin von jenem dunklen Kinde der Natur, jenem anderen ursprunghaften Menschen in einem jeden von uns, den wir in unserer Seele befehden. Einer der Gründe, warum wir so blindwütig Krieg gegen ihn führen, ist der, daß wir nicht verstehen können, was er uns sagen möchte. Wir haben das ganze Alphabet der natürlichen Sprache des Geistes verloren, wir können sie nicht mehr lesen, geschweige ihren Sinn weitertragen. Könnten wir doch wieder einen Zugang zu dieser ursprünglichen Sprache des Geistes finden und ihre Hieroglyphen-Schrift von neuem in schweigender Andacht unserer Herzen entziffern! Die Barbarismen der Seele, die so grauenhafte Kriege in unserer Menschengemeinschaft verursacht haben, würden sich vor uns in ihrer wahren Eigenschaft enthüllen, wir könnten sie dann in ihre gesetzmäßigen Schranken zurückweisen. Ich glaube, daß ein Weg zur Wiederentdeckung dieser Sprache der ist, daß wir den Primitiven in unserer

Gemeinschaft in seiner Menschenwürde anerkennen und ihn nicht mehr zurückstoßen, sondern ihm das Licht unserer eigenen Vernunft und den Schutz unserer eigenen bewußten Erkenntniskraft gewähren. Dieser Weg fordert von uns, daß wir uns bescheiden neben ihn setzen und jener ursprünglichen Sprache, die durch seine naturverbundene Seele zum Ausdruck kommt, geduldig lauschen und lernen, sie mit unseren eigenen Worten wiederzugeben. In Amerika können Sie zu den ursprünglichen, fast verschwundenen authentischen Amerikanern zurückkehren, nicht um zu lehren, sondern um zu lernen. Geradeso wie wir in Afrika den Buschmann in der Kalahari-Wüste aufsuchen können, um von ihm jene verlorene Sprache des Geistes wieder zu erlernen; wir würden dem Geheimnis der Wiedervereinigung mit der verstoßenen Hälfte unseres eigenen Lebens begegnen. Auf diese Menschen zu hören, heißt – in uns selbst hineinhören; denn der Mensch lernt oft am meisten aus dem, was er ablehnt oder verabscheut. Es ist ein Teil jener großen Wahrheit, die Christus uns vermitteln will, wenn er sagt, daß der Stein, den die Baumeister verwerfen, zu dem Eckstein im Bau der Zukunft wird. Zum Eckstein dieses neuen Baues einer von Krieg und Rassenhaß befreiten Welt werden, so glaube ich, gerade jene Rassen und jene Lebensaspekte, die wir so lange Zeit hindurch verachtet und verleugnet haben. In der physischen Welt haben wir große Macht erlangt, und ich bin überzeugt, unser Abenteuer in dieser physischen Welt ist weit davon entfernt, zu Ende zu gehen. Doch ehe wir es wagen können, diesem Abenteuer weiter zu folgen – ohne die Katastrophe heraufzubeschwören –, müssen wir ein tieferes Verständnis für uns selbst, für das Wesen unseres Menschseins finden. Sie tragen ein geistiges Bild ‚Amerika' und wir tragen ein geistiges Bild ‚Afrika' in uns, doch steht jeder von uns nur am Rande davor, erst auf der Schwelle. Ehe wir nicht fähig sind, jene großen Kontinente in uns selbst zu befahren und uns mit ihnen vertraut zu machen, wie wir die Außenwelt bereist und durchforscht haben, eher werden wir nicht imstande sein, unser nächstes großes Abenteuer in der Welt zu bestehen, das uns, wie ich hoffe, wahrhaft zu den Sternen führen wird.

*

Frage:

Sie sagten zu Beginn Ihres Vortrages, daß das Erscheinen des weißen Mannes in Afrika im neunzehnten Jahrhundert für den Schwarzen eine Art Erfüllung einer ihm unbewußten Hoffnung gewesen sei. Wenn ich mich recht erinnere, meinten Sie, nur damit ließe sich erklären, warum es kaum zu einem gewaltsamen kriegerischen Konflikt gekommen ist, den sonst die Ankunft des weißen Mannes in Afrika hätte auslösen müssen. Ich bin der Meinung, daß dies ein sehr wichtiger Gedanke ist und wüßte gern, ob Sie uns noch irgendeinen anderen Beweis dafür nennen können.

Antwort:

Keinen Beweis, aber vielleicht einige damit zusammenhängende Ideen. Versprechen Sie, diese Gedanken so aufzufangen, wie sie fliegen, sie nicht umzubiegen, so will ich sie gern aussprechen.

Sie werden wahrscheinlich davon gehört haben, daß der Europäer seit seiner Ankunft in Afrika immer wieder auf die Legende stößt, tief im Herzen Afrikas herrsche eine mächtige, wunderbare, weiße Königin. Es ist eine seltsame Legende, sie hat die Phantasie einiger Weißen fast ebenso angeregt wie die mancher schwarzer Afrikaner. Viele von Ihnen werden diese Legende zweifellos aus dem Werke Rider Haggards kennen. Bezeichnenderweise war er einer der ersten, der unbewußt auf das Gegenbild seines eigenen verborgenen Ichs und auf das Gegenbild des Europa seiner Tage im Spiegel des dunkelsten Afrika starrte. Heute kennen wir Afrika gut genug, um zu wissen, daß eine solche Königin nicht existiert und wahrscheinlich nie existiert hat. Trotzdem besteht die Legende noch und lebt wohl deshalb weiter, weil sie einem tiefwurzelnden Bedürfnis der träumenden prophetischen Seele des afrikanischen Menschen entspricht. Wer wie ich glaubt, daß die Seele des Menschen aus seinem verborgenen Sein auftaucht, wie Aphrodite aus dem sprühenden Schaum eines weinroten Meeres der Morgendämmerung emporstieg, wer glaubt, daß die Seele des Menschen vor seinen Sinnen dahinzieht als Bild einer Frauengestalt von strahlender Schönheit – der wird verstehen, warum für mich diese Legende der wunderschönen weißen Königin in Afrika von so tiefer Bedeutung ist. Jeder, der sich wirklich um ein Verständnis seiner selbst und der Entwicklung seines Ichs bemüht, wird zugeben, daß zu allen Zeiten und auf der ganzen Welt in der Seele des Menschen dieses bestimmende Sein eines objektivierten weiblichen Wesens gegenwärtig ist. Dante schildert seine Begegnung mit Beatrice und das große spirituelle Erlebnis, das daraus entstammt. Es ist dieselbe Wahrheit, die Laura so tiefen Sinn für Petrarca verleiht, es ist dieselbe Wahrheit, die so bewegend in der Legende von Theseus und Ariadne zum Ausdruck kommt. Es ist dasselbe weibliche Wesen, das dem Geiste des Mannes erscheint, jenen goldenen Faden spinnt und ihn zurückführt aus dem Kampf mit dem kretischen Ungeheuer, zurück aus den labyrinthischen Tiefen seines Wesens. Von dieser Erscheinung geht die Kraft der Schönheit aus, die das Bestialische in ihm verwandelt. Aber ach, mit Jahrhunderten der Vernachlässigung dankt der Mensch dieser Erscheinung. Dieses besondere weibliche Wesen läßt er, wie Ariadne, weinend auf der Felsklippe seines Ichs zurück, während die Wasser seiner Vergeßlichkeit und Undankbarkeit wie eine Meerflut ansteigen.

Heute taucht glücklicherweise dieses weibliche Element allmählich aus den tiefen Schatten einer unvorstellbar lange währenden Nichtachtung in das Licht unserer Tage wieder auf und nimmt in der bewußten Wertwelt des Mannes einen eigenen Platz ein. In meiner Heimat jedoch ist das weibliche Element so gefährlich unterdrückt, daß man nicht einmal ein Bewußtsein dafür hat, daß es wirklich existiert. Bewußt oder unbewußt ist es aber vorhanden, wie diese Legende, von der ich soeben sprach, andeutet. Dieser Hinweis auf die Anwesenheit des weiblichen Elementes in der afrikanischen Seele bestand lange bevor der Weiße nach Afrika kam, lange bevor der Eingeborene überhaupt wußte, daß menschliche Wesen weißer Hautfarbe existieren. Und als Beweis des Gesagten: Ich kenne eine wundervolle Felsenmalerei, Hunderte Meilen vom Meer entfernt, im Wüstengebiet Südwestafrikas. Diese Malerei befindet sich auf einem Felsen in einer tiefen Schlucht mitten in einem großen, auch heute noch unzugänglichen Ödland. Eine der Zentralfiguren dieses Bildes ist eine anmutige, wirklich bezaubernde weiße Dame. Sie schreitet einen sanft geschwungenen Pfad von jenem großen Felsen herab und hält eine weiße Lotosblüte in ihrer Hand. (Übrigens wächst kein Lotos in Afrika.) Der Himmel weiß, wie alt diese Felsenmalerei ist. Die Schätzungen schwanken zwischen einigen Hunderten bis zu einigen Tausenden von Jahren; doch in jedem Fall sind alle darin einig, daß das Bild lange, bevor ein Weißer in Afrika erschien, gemalt worden ist. Irgendwie empfinde ich dieses magische Felsenbild als einen Beweis, um den Sie baten. So ist für mich diese weiße Dame auf dem Felsen ein Zeichen für die tiefe mythische Kraft, die im Herzen allen lebendigen Seins wirkt, die unserem kleinen Leben Richtung, Sinn und die Fülle der Zeit gibt. Für mich ist diese Gestalt eine gnadenreiche Manifestation dieser Kraft; wenn auch unerkannt, wirkt ihr Wesen in unseren geschichtlichen Überlieferungen, und auch im gegenwärtigen Konflikt in Afrika ist sie darum bemüht, klar hervorzutreten. Lord Acton sagte einst aus seiner großartigen Einfühlung heraus: "Vieles von der Geschichte dieser Welt ist nur eine Belastung des Gedächtnisses und keine Erleuchtung der Seele." Ich möchte hinzufügen, daß es noch eine andere Art der Geschichte gibt – die in unserem Blute, eine mythische Dominante des geschichtlichen Werdens und der Zeit. Wird sie aber vernachlässigt oder übersehen, so führt sie nicht nur zu ‚keiner Erleuchtung der menschlichen Seele', sondern zu jener furchtbaren Verfinsterung des Auges, die ich Mata Kelap nannte und hier zu beschreiben versucht habe.

*Bitte beachten Sie auch
die folgenden Seiten*

Laurens van der Post
im Diogenes Verlag

»Im Zeichen ungewisser Prognosen über den afrikanischen Kontinent kommt einer Stimme Bedeutung zu, welche vom ›ursprünglichen‹ Afrika auf Grund persönlicher Kenntnis berichtet: Laurens van der Post. Van der Post nahm die Mythen- und Märchenwelt der Buschleute bereits ›mit der Muttermilch‹ auf: durch seine Kinderfrau, die zu den Buschleuten gehörte. Als Offizier der englischen Armee sowie im Dienste der englischen Regierung, die ihn mehrere Male als Afrikaexperten einsetzte, kam er erst mit dem kolonisierten und später mit dem sich ›zivilisierenden‹ Afrika in Kontakt. Schon seine ersten Bücher schlagen das Thema an, welches sein gesamtes Werk durchzieht: der Zusammenprall einer in magisch-mythischen Bezügen ruhenden Welt mit unserer Zivilisation im Zeichen von Industrialisierung und Ratio.« *Neue Zürcher Zeitung*

Vorstoß ins Innere
Afrika und die Seele des 20. Jahrhunderts
Roman. Aus dem Englischen von Margret Boveri

Reiseabenteuer in unerforschte Gegenden Innerafrikas voller lyrischer Landschafts- und Flugschilderungen werden verbunden mit Überlegungen zur Psychologie des Mit- und Gegeneinanderlebens von Weißen und Schwarzen sowie der tragischen Geschichte eines jungen Paares inmitten des Urwalds.

»Der Grübler, auf der Suche nach Träumen, Unbewußtem, Legenden, erläutert Afrika einfühlsam, warm.« *Frankfurter Allgemeine Zeitung*

»Van der Posts gelebter Humanismus und sein radikaler Respekt vor allem Kreatürlichen zeichnen ihn als einen Unzeitgemäßen, den nur noch wenige verstehen.« *Der Tagesspiegel, Berlin*

Flamingofeder
Roman. Deutsch von Margarete Landé

»Die Handlung spielt im Jahr 1948 und führt in das vom Bantustamm der Takwena bewohnte Gebiet Kaplands. Vor dem Haus des weißen Siedlers Pierre de Beauvilliers wird ein Eingeborener ermordet aufgefunden. Im Gegensatz zur Polizei versucht Beauvilliers den Mord aufzuklären. Die Spur führt zu einem weißen Händler, der mit dem Stamm Geschäfte macht, zum Frachter ›Stern der Wahrheit‹, der im Auftrag eines osteuropäischen Konzerns die Strecke zwischen dem Kap und Natal befährt und schließlich zu einem waffenstrotzenden Stützpunkt, in dem ein kommunistisch gelenkter Takwena-Aufstand vorbereitet wird...

In stofflicher Hinsicht ist *Flamingofeder* ein abenteuerlicher Thriller – mit geschickt verflochtenen Motiven internationaler Verschwörung und einer spannenden Verfolgungsjagd.« *Kindlers Literatur Lexikon*

»Das Hauptwerk van der Posts.«
Neue Zürcher Zeitung

Die verlorene Welt der Kalahari
Deutsch von Leonharda Gescher

Es sind Kindheitserinnerungen, Geschichten aus dem Munde der Eltern und lückenhafte Berichte von Jägern, die im jungen van der Post den Plan legen, eine abgeschiedene Gruppe der Buschmänner aufzuspüren. Doch erst als Erwachsener findet er Muße und Mittel, den Jugendtraum zu verwirklichen. Mit Freunden und Technikern und begleitet von eingeborenen Helfern, dringt er in die südafrikanische Wüstensteppe der Kalahari ein.

»Dieses Buch ist eine unerhörte Leistung des Verfassers. Er zeigt den verborgenen Reichtum der

Buschmänner auf und verspricht, in einem weiteren Band die urtümlichen Schätze der Buschmannsweisheit zu heben.« *Die Bücher-Kommentare*

Das Herz des kleinen Jägers
Roman. Deutsch von Leonharda Gescher

»Wer van der Posts *Verlorene Welt der Kalahari* gelesen hat, die abenteuerlich-spannende und seelisch erregende Geschichte seiner Reise zu den letzten Buschmännern, die im Herzen Afrikas ein zwar eingeengtes, aber ursprüngliches Leben führen, der wird mit Freude zu dem neuen Buch greifen, in dem der Autor das Ende jener Reise beschreibt und zugleich seine Deutung des Ganzen gibt. Van der Post hat sein Buch C. G. Jung gewidmet, dem er sich seit seinem ersten ›Vorstoß ins Innere‹ im Denken verbunden fühlt. Eindringlich und bestürzend werden Szenen geschildert, die klarmachen, was durch das Eindringen der Weißen in Afrika zerstört wurde. Daran knüpft van der Post Gedanken über den Zustand, in dem sich heute die zivilisierte Welt in ihrer Entfremdung von den Urkräften der Natur und des Göttlichen befindet.« *Frankfurter Allgemeine Zeitung*

Das Schwert und die Puppe
Trennender Schatten
Die Saat und der Säer

Weihnachtstrilogie. Deutsch von
Hannah Wolff und Joachim Uhlmann

Zwei ehemalige Kriegsteilnehmer verbringen, fünf Jahre nach ihrer Entlassung aus einem Gefangenenlager im Fernen Osten, zusammen den Heiligen Abend, den Weihnachtsmorgen und den Weihnachtsabend und überdenken ihre Vergangenheit und die Handlungsmotive ihrer damaligen Peiniger.
Das Mittelstück dieser ›Weihnachtstrilogie‹, *Die Saat und der Säer,* gilt den Aufzeichnungen des Offiziers

Jacques Celliers. Er litt unter dem Verrat, den er einst an seinem Bruder begangen hatte, und fand in demselben Lager, in dem auch die beiden Erzähler gefangen waren, den Tod.

»Die Worte des Schriftstellers erinnern an alte Einsichten: Unter alles uns angetane Böse wollen wir einen Schlußstrich ziehen – und dadurch die Folgen in unserem Wirkungskreis aufhalten.«
Badische Zeitung, Freiburg

Van der Posts ›Weihnachtstrilogie‹ wurde von Nagisa Oshima unter dem Titel *Furyo – Merry Christmas, Mr. Lawrence* mit David Bowie verfilmt.

Wenn Stern auf Stern aus der Milchstraße fällt
Roman. Deutsch von Brigitte Weidmann

»Die gewaltige Natur des südafrikanischen Buschvelds beherrscht die Geschichte vom weißen Farmerssohn François, der weniger in der europäischen Kultur als in der Überlieferung der Buschmann- und Matabele-Sagen zuhause ist, und von seinem Buschmann-Freund Xhabbo. Daß und wie sich die beiden in einer Welt der Apartheid, des gegenseitigen Unverständnisses und auch des Guerillakriegs zu einem Schicksalsbund finden: Das schließt die Botschaft des Autors ein, die zukunftweisend sein soll.«
Westermanns Monatshefte

»So wie bei *Jenseits von Afrika* die Kinogänger auf das erzählerische Werk von Tania Blixen gestoßen wurden, könnte auch die Walt-Disney-Produktion *Die Spur des Windes* eine Initialzündung für die Lektüre des Originals haben.« *Rheinische Post*

Von Mikael Salomon mit Maximilian Schell unter dem Titel *Die Spur des Windes* verfilmt.

Durchs große Durstland müßt ihr ziehn
Roman. Deutsch von Brigitte Weidmann

Die Fortsetzung des Romans *Wenn Stern auf Stern aus der Milchstraße fällt*, der von Mikael Salomon mit Maximilian Schell unter dem Titel *Die Spur des Windes* verfilmt wurde.

Ein mutiges Buch, das Stellung bezieht zu dem großen afrikanischen Konflikt. Es legt die Wurzeln der Rassenfrage bloß und erkennt die Notwendigkeit der Aufhebung von Schuld und Rache.

»Es ist ein unverkennbar seherisches Element, das Laurens van der Posts Leben und Werk bestimmt. Es fußt ebenso auf der politischen Analyse wie auf der unbedingten Überzeugung vom Gewicht des eigenen Denkens und Fühlens. Laurens van der Post ist ein meisterhafter Erzähler.«
Christoph Egger/Neue Zürcher Zeitung

Das dunkle Auge Afrikas
Deutsch von Friedrich Schwarz

Laurens van der Post hat sich ein Leben lang für Afrika engagiert. Es ist seine Überzeugung, daß die Menschheit nur durch ein Zusammenwirken afrikanischer und westlicher Kultur gerettet werden kann. Dies erfordert die Aufgeschlossenheit des Westens, aber auch die Bereitschaft weißer wie schwarzer Afrikaner zum Dialog mit ihrer eigenen Geschichte.

»Der größte aller Spiegel, den unser Zeitalter uns vorhält, ist Afrika. Laßt uns nicht in blinder Wut diesen kostbaren Spiegel zerstören – wie so viele verschwundene Kulturen vor uns ihre Seelenspiegel zu ihrem eigenen Verderben zerstört haben.«
Laurens van der Post

Urs Widmer
Im Kongo
Roman

Der Altenpfleger Kuno erhält einen neuen Gast: seinen Vater. In der Abgeschiedenheit des Altersheims kommen sie endlich zum Erzählen. Kuno glaubte immer, sein Vater sei ein Langweiler, ohne Schicksal und ohne Geschichte – bis er mit einemmal merkt, daß dieser im Zweiten Weltkrieg einst Kopf und Kragen riskiert hat. Sein greiser Vater hat ein Schicksal, und was für eins!
Diese Erkenntnis verändert Kunos Leben. Eine Reise in die eigenen Abgründe beginnt, in deren Verlauf es ihn bis in den tiefsten Kongo verschlägt. Jene lockende Ferne, die einst als Herz der Finsternis galt, wird zum abenteuerlichen Schauplatz von Wahnwitz, Wildheit und innerer Bewährung.

»Ein Ur-, ein Traum-, ein Seelen-Kongo ist das, eine Metapher für das nicht faßbare Tosen unnennbarer Gefühle, ein Land, in dem blutgeile Walddämonen, Teufelsgötter, Löwenherrscher, Giganten, maskierte Stammeshäuptlinge um ein unheimliches Feuer hocken, das tief in uns brennt, wo die Seelenkarten noch immer die weißen Flecken zeigen, die aus den Weltkarten verschwunden sind.«
Urs Allemann/Basler Zeitung

»Eines ist unbestreitbar: Für die Welt, wie sie uns von Urs Widmer vorgestellt wird, würde ich die unsere unbesehen opfern.« *Michael Krüger*